Stressfreie Menüs

CLEVER VORBEREITEN / SCHNELL ANRICHTEN / LANGE FEIERN

Einfach schön essen und lange feiern

Was gibt es Schöneres, als Gäste einzuladen und sie in festlichem Rahmen zu bewirten? In privater Atmosphäre zu feiern, zu essen und zu trinken ist nicht nur die persönlichste, sondern auch die sympathischste Art der Geselligkeit. Das Wichtigste bei jeder Art von Feier ist, dass sich sowohl die Gäste als auch der Gastgeber wohlfühlen, Spaß haben und sich noch lange und gerne an den schönen Abend zurückerinnern. Durchaus eine große Herausforderung für denjenigen, der einlädt, aber keinesfalls eine unlösbare Aufgabe: Mit etwas Organisation und einem gut geplanten Menü läuft alles wie am Schnürchen. Wer wenig Erfahrung mit dem Kochen hat, sollte sich langsam vortasten und zunächst mit einer Einladung für vier Personen starten: Bei vielen Gästen spielt das Timing beinahe die wichtigste Rolle, und da schadet es nicht, wenn man bei kleineren Pannen nicht gleich in Panik gerät. Ein entspannter Gastgeber und ein gut organisiertes Fest sind nämlich die beste Voraussetzung für lange und gemütliche Feste in ausgelassener Stimmung.

Dessertbesteck
Rotweinglas
Weißweinglas
Wasserglas
Messer für den Hauptgang
Messer für die Vorspeise
Suppenlöffel

Die grüne Würze

FÜR ALLES IST EIN KRAUT GEWACHSEN – UND WELCHES KRAUT MIT WELCHEN ZUTATEN BESONDERS GUT HARMONIERT, DAS IST IN DER KÜCHE DAS A & O UND VOR ALLEM DAS MMMH!

Basilikum: Basilikum kann mit Fug und Recht als König unter den Kräutern bezeichnet werden, denn sein Name leitet sich ab vom griechischen Wort für König („basileus"). Und auch sein Aroma ist wahrhaft königlich – es reicht von Anis über Nelke bis hin zu Zitrone, je nach Sorte und Herkunft.

Dill: Er ist weit mehr als nur ein Spezialist für Meerestiere und Einmachgläser, Dill ist ein wahrer Alleskönner. Kartoffeln, Tomaten und Bohnen, Mayonnaise und Senf, Salate, Saucen und Suppen – mit etwas Dill bekommen sie das besondere Extra. Er passt zu Milchprodukten aller Art und zu Fleisch, von Lamm bis Leber.

Estragon: In vielen europäischen Küchen hatte Estragon lange Zeit einen schweren Stand. In Frankreich jedoch wusste man ihn relativ früh zu schätzen, und so wurde er zum festen Bestandteil von Delikatessen wie Sauce béarnaise. Er würzt außerdem Senf und Essig und ist der ideale Begleiter zu Fisch.

Kerbel: Die zarten Blättchen weisen geschmacklich einen Hauch Anis auf. Das wohl bekannteste Gericht ist die Kerbelsuppe. Das Kraut passt aber auch gut zu Fisch, Kartoffeln, Rühreiern und Salat.

Koriander: Am Koriandergrün scheiden sich die Geister, doch wer Geschmack an ihm gefunden hat, wird ihn zu den besten Küchenkräutern zählen. Bei uns ist Koriandergrün vor allem durch die asiatische und südamerikanische Küche populär geworden.

Liebstöckel: Bei Liebstöckel handelt es sich zwar um eine mediterrane Pflanze, aber auch in unseren Gefilden gedeiht sie sehr gut. In der Küche sollte man zunächst sparsam mit den Blättern umgehen. Das „Maggikraut" ist sehr dominant und eignet sich am besten zum Würzen von kräftigen Gerichten.

Majoran: Majoran verleiht vielen deutschen Würsten das charakteristische Aroma, allen voran Brat-, Blut- und natürlich Leberwurst. Diesem Verwendungszweck verdankt er auch seinen Beinamen „Wurstkraut".

Minze: In der Küche wird Minze häufig für Süßspeisen verwendet, aufgrund ihres frischen Aromas gerne in Kombination mit Obst. Minze hat aber auch ihre herzhaften Seiten: Sie verfeinert Fleisch und Geflügel sowie Gemüse und macht sich gut in Salaten.

Oregano: Man nennt ihn auch Dost oder Wilden Majoran. Mit Majoran ist er zwar verwandt, geschmacklich ist er aber herber als der feine Majoran. Besonders aus der italienischen Küche ist Oregano nicht wegzudenken, denn auf einer originalgetreuen Pizza oder in einer klassischen Tomatensauce oder -suppe darf das würzige Kraut nicht fehlen.

Petersilie: Petersilie harmoniert mit nahezu jedem Gericht. Es gibt sie mit krausen und mit glatten Blättern, wobei die glatte das intensivere Aroma besitzt. Wichtig ist aber vor allem, dass sie so frisch wie möglich verwendet wird.

Rosmarin: Er hat einen leicht bitteren Geschmack und einen würzigen Duft, der an Kampfer und Weihrauch erinnert. Rosmarin würzt Käse, Kartoffeln, Marinaden und Fleisch – bei Lammgerichten ist er quasi ein Muss.

Salbei: Die bitter schmeckenden Blätter zählen zu den ältesten Heil- und Würzkräutern. Salbei ist sehr dominant; richtig dosiert und in Kombination mit Zutaten, die das kräftige Aroma vertragen, entfaltet er jedoch sein volles Potenzial.

Schnittlauch: Schnittlauch passt quasi zu jedem Gericht. Voraussetzung ist jedoch, dass man ihn beim Namen nimmt und ihn nur frisch geschnitten verwendet. Getrocknet, tiefgefroren oder auch mitgegart verliert er sein Aroma. Frisch geerntet, macht er sogar ein einfaches Butterbrot zur Delikatesse.

Thymian: Das kleinblättrige Mittelmeerkraut duftet angenehm würzig-süß und schmeckt leicht mentholartig. Es passt ideal zu Braten und Eintöpfen und ist ein unverzichtbarer Bestandteil provenzalischer Kräutermischungen.

Rosmarin
Kerbel
Koriander
Minze
Majoran
Basilikum
Dill
Glatte Petersilie
Estragon
Schnittlauch
Oregano
Thymian
Salbei
Liebstöckel
Lorbeer

VORSPEISEN

HAUPTSPEISEN

NACHSPEISEN

EASY MENÜS

Vorspeisen

GAUMENKITZEL
ZUM EINSTIEG

Möhren-Apfel-Salat mit Röstsesam

Für 4 Personen

1 haselnussgroßes Stück Ingwer
350 g Möhren
5 Datteln (ohne Stein)
300 g Äpfel
2 EL Apfelessig
3 EL Sesamöl
Salz und Pfeffer aus der Mühle
3 EL helle Sesamsamen
1 EL Schwarzkümmelsamen

1 Ingwer und Möhren schälen und beides in kleine Würfel schneiden. Die Datteln ebenfalls in kleine Würfel schneiden und alles in einer Schüssel mischen.

2 Die Äpfel waschen, vierteln und das Kerngehäuse entfernen. Die Apfelviertel in feine Scheiben schneiden, zu den Möhren geben und den Essig und das Öl untermischen. Den Salat mit Salz und Pfeffer würzen.

3 Die Sesamsamen und den Schwarzkümmel in einer Pfanne ohne Fett duftend anrösten. Den Möhren-Ingwer-Apfel-Salat mit dem gerösteten Sesam bestreut servieren.

— Schmeckt auch wunderbar mit Birne statt Apfel und gerösteten Haselnüssen statt Sesam.

Fenchel-Dattel-Salat mit Orangen

Für 4 Personen

2 Fenchelknollen (mit Grün)
8 Datteln (ohne Stein)
2 Orangen
Salz und Pfeffer aus der Mühle
1–2 EL Honig
2 EL Apfelessig
3 EL Olivenöl
4 EL geröstete Cashewkerne

1 Den Fenchel putzen, waschen und halbieren, dabei den harten Strunk entfernen. Fenchel und Datteln in kleine Würfel schneiden.

2 Die Orangen so großzügig schälen, dass auch die weiße Haut mit entfernt wird. Die Filets zwischen den einzelnen Trennhäuten herausschneiden, den austretenden Saft auffangen und den Rest der Orangen gut auspressen. Salz, Pfeffer, Honig, Essig, Olivenöl und Orangensaft in einer Schüssel verrühren.

3 Die Cashewkerne in einer Pfanne ohne Fett duftend anrösten.

4 Den Fenchelsalat mit den Datteln, Orangenfilets und Cashewkernen anrichten, mit dem Dressing beträufeln und sofort servieren. Dazu passt Ciabatta.

— Wer den Salat nicht gleich servieren kann, sollte das Dressing extra zubereiten und erst kurz vor dem Verzehr unterheben. So bleibt der Salat schön knackig!

Spargel-Erdbeer-Salat mit Tahin-Zitronen-Sauce

Für 4 Personen

Für den Spargel-Erdbeer-Salat:

1 kg grüner Spargel
250 g Erdbeeren
1 EL Puderzucker
4 EL Pinienkerne (oder gesalzene Cashewkerne oder Pistazienkerne)
250 g junger Spinat
100 g Rucola (oder Senfblätter)
etwas Sonnenblumen- oder Olivenöl
etwas Aceto balsamico

Für die Tahin-Zitronen-Sauce:

1 Knoblauchzehe
2 EL Zitronensaft
3 EL Tahin (Sesampaste)
Salz und Pfeffer aus der Mühle

1 Den Backofen auf 120 °C vorheizen. Den Spargel waschen und im unteren Drittel schälen, die holzigen Enden abschneiden. Die Erdbeeren waschen und putzen, je nach Größe halbieren und auf einem mit Backpapier ausgelegten Blech verteilen. Die Erdbeeren mit dem Puderzucker bestreuen und im Ofen auf der mittleren Schiene etwa 15 Minuten weich, aber noch leicht bissfest backen.

2 Die Pinienkerne in einer Pfanne ohne Fett duftend anrösten. Spinat und Rucola verlesen, waschen und trocken schleudern.

3 Für die Tahin-Zitronen-Sauce den Knoblauch schälen und pressen. Mit Zitronensaft, Tahin und 4 bis 6 EL warmem Wasser zu einer cremigen Sauce verrühren. Mit etwas Salz und Pfeffer würzen.

4 Den Spargel schräg in Stücke schneiden. Etwas Öl in einer Pfanne erhitzen und die Spargelstücke darin 5 bis 6 Minuten anbraten, bis sie gar sind, aber noch einen leichten Biss haben.

5 Spinat und Rucola mischen, mittig auf vier Tellern anrichten und mit etwas Öl und Essig beträufeln. Den Spargel und die Erdbeeren darauf verteilen, mit Tahin-Zitronen-Sauce beträufeln und die Pinienkerne darüberstreuen. Dazu passt geröstetes, mit Schafskäse überbackenes Dinkelbrot.

1/4 TSP

Champignon-Carpaccio

Für 4 Personen

3 Tomaten
3 Stiele Basilikum
100 g gemischte Asia-Salate (z. B. Senfkohl, Rucola, Mizuna)
1 Zwiebel
3 Scheiben Bacon (Frühstücksspeck)
110 ml Olivenöl
3 EL Balsamico bianco
Meersalz und Pfeffer aus der Mühle
Saft und Schale von 1 kleinen Bio-Zitrone
50 ml Geflügelfond (aus dem Glas)
200 g rosa Champignons
12 geröstete, gesalzene Macadamianüsse
2 Orangen
150 g Ziegenfrischkäse
1 EL Thymianhonig
etwas Zitronensalz

1 Die Tomaten kreuzweise einritzen, überbrühen, häuten, vierteln und entkernen. Die Tomatenviertel in Würfel schneiden, dabei die Stielansätze entfernen. Das Basilikum waschen, trocken schütteln und die Blätter abzupfen. Die Asia-Salate verlesen, waschen und gut abtropfen lassen.

2 Die Zwiebel schälen, mit dem Speck in feine Würfel schneiden und beides in 1 EL Olivenöl andünsten. Mit Essig ablöschen und mit Salz und Pfeffer würzen. Zitronensaft und -schale, 60 ml Olivenöl und Fond untermixen. Die Tomatenwürfel und das Basilikum unterrühren.

3 Die Pilze putzen und in feine Scheiben schneiden. Je 1 EL Olivenöl auf die Teller träufeln, die Pilze überlappend darauf anrichten und mit Salz und Pfeffer würzen. Etwas Vinaigrette darüberträufeln. Die Nüsse grob hacken. Die Orangen so großzügig schälen, dass auch die weiße Haut mit entfernt wird und die Filets zwischen den einzelnen Trennhäuten herausschneiden. Den Ziegenkäse klein zupfen.

4 Den Salat mit der Vinaigrette mischen und auf den Pilzen verteilen. Die Orangenfilets und den Ziegenkäse darübergeben, mit Honig beträufeln und etwas Zitronensalz, Pfeffer sowie die Macadamianüsse darüberstreuen.

Rote-Bete-Carpaccio mit Selleriesalat und gebratenem Zander

Für 4 Personen
Für das Carpaccio:
4 Rote Beten
Salz
ganzer Kümmel
50 g Walnusskerne
3 Orangen (davon 1 Bio)
2 EL Rapsöl
1 TL Honig
Salz und Pfeffer aus der Mühle
Chiliflocken
4 TL Himbeeressig
1 EL Walnussöl
2 Handvoll zarte Rote-Bete-Blätter
1 Stück Meerrettichwurzel

Für den Selleriesalat:
400 g Knollensellerie
ca. 2 EL Zitronensaft
2 EL Walnussöl
Salz und Pfeffer aus der Mühle

Für den Zander:
240 g Zanderfilet (mit Haut)
1 EL Zitronensaft
Salz
Zitronenpfeffer
1 EL doppelgriffiges Mehl
1 EL Öl

1 Für das Carpaccio die Roten Beten in kochendem Salzwasser mit 1 Prise Kümmel zugedeckt etwa 45 Minuten garen. Abgießen, abkühlen lassen, schälen und beiseitestellen. Die Walnüsse in einer Pfanne ohne Fett rösten und grob hacken.

2 Für den Selleriesalat den Sellerie putzen, schälen, grob raspeln und kurz in Wasser mit 1 EL Zitronensaft legen. Den Sellerie abgießen, in einer Schüssel mit dem restlichen Zitronensaft und dem Walnussöl mischen und mit Salz und Pfeffer würzen.

3 Für das Carpaccio die Bio-Orange waschen, trocken reiben und etwa ein Viertel der Schale mit dem Sparschäler abschälen und in feine Streifen schneiden. Alle Orangen auspressen und den Saft mit den Schalenstreifen bei starker Hitze auf die Hälfte einkochen lassen. Rapsöl und Honig mit dem Stabmixer untermixen und die Marinade mit Salz, Pfeffer, Chiliflocken, dem Essig und dem Walnussöl abschmecken.

4 Für den Zander den Backofen auf 70 °C Umluft vorheizen. Das Fischfilet waschen, trocken tupfen und in 4 Portionen teilen. Mit Zitronensaft beträufeln, mit Salz und Zitronenpfeffer würzen und im Mehl wenden. Das Öl in einer ofenfesten Pfanne erhitzen und den Zander auf der Hautseite etwa 2 Minuten anbraten. Wenden und im Ofen auf der mittleren Schiene 8 Minuten gar ziehen lassen.

5 Die Rote-Bete-Blätter waschen und trocken schleudern. Je 1 EL Orangenmarinade auf Teller verteilen, etwas Meerrettich daraufreiben. Die Roten Beten in dünne Scheiben hobeln, auf die Marinaden-Meerrettich-Mischung legen und die restliche Orangenmarinade darauf verteilen. Nochmals etwas Meerrettich darüberreiben, den Selleriesalat und den gebratenen Zander darauf anrichten und mit Rote-Bete-Blättern garnieren.

Kürbissuppe mit Mandelknusper

Für 4 Personen
1 Zwiebel
2 Knoblauchzehen
100 g Petersilienwurzel
1 Möhre
400 g Kürbis (z. B. Hokkaido)
1 EL Olivenöl
800 ml Gemüsebrühe
Salz und Pfeffer aus der Mühle
1 Sternanis
100 g Sahne (nach Belieben)
4 EL Mandelblättchen
1 EL Schwarzkümmelsamen
1 EL Honig
Meersalzflocken

1 Die Zwiebel und den Knoblauch schälen und in kleine Würfel schneiden. Die Petersilienwurzel und die Möhre putzen und schälen. Den Kürbis waschen, vierteln und die Kerne mit einem Löffel entfernen. Das Gemüse in grobe Stücke schneiden.

2 Das Olivenöl in einem Topf erhitzen und das Gemüse darin andünsten. Die Brühe angießen, mit Salz, Pfeffer und Sternanis würzen und die Suppe bei schwacher Hitze 30 Minuten kochen lassen. Den Sternanis wieder entfernen.

3 Nach Belieben die Sahne dazugießen und die Kürbissuppe mit dem Stabmixer fein pürieren.

4 Die Mandelblättchen und die Schwarzkümmelsamen in einer Pfanne ohne Fett duftend anrösten. Den Honig hinzufügen und gut untermischen. Die Mandel-Honig-Mischung auf einen flachen Teller geben und mit 1 Prise Meersalzflocken bestreuen. Die Masse abkühlen lassen.

5 Die heiße Kürbissuppe auf tiefe Teller verteilen und mit dem Mandelknusper bestreut servieren.

Petersilienwurzelsuppe mit Pumpernickel-Croûtons

Für 4 Personen

½ Bund Petersilie
2 Scheiben Pumpernickel
4 EL getrocknete Ananasstückchen
1 EL Butter
Chiliflocken
750 g Petersilienwurzeln
1 Gemüsezwiebel
2 Knoblauchzehen
3 EL Olivenöl
Saft von 1 Bio-Orange
Salz und Pfeffer aus der Mühle
850 ml Gemüsebrühe
100 g Schmand (nach Belieben)

1 Die Petersilie waschen und trocken tupfen. Die Blätter abzupfen, die Stiele beiseitelegen. Pumpernickel, Ananas und Petersilienblätter im Blitzhacker zerkleinern.

2 Die Butter in einer Pfanne zerlassen, die Pumpernickelmischung und 1 Prise Chiliflocken hinzufügen und in der Butter knusprig anrösten. Die Pumpernickel-Croûtons aus der Pfanne nehmen und beiseitestellen.

3 Die Petersilienwurzeln putzen, schälen und in grobe Würfel schneiden. Die Zwiebel und den Knoblauch schälen und in kleine Würfel schneiden. Das Olivenöl in einem Topf erhitzen und die Zwiebel und den Knoblauch darin andünsten. Die Petersilienwurzel und die Petersilienstiele kurz mitdünsten.

4 Das Gemüse mit dem Orangensaft ablöschen, mit Salz und Pfeffer würzen und die Brühe angießen. Die Suppe bei schwacher Hitze 10 Minuten köcheln lassen, dann mit dem Stabmixer fein pürieren.

5 Die Petersilienwurzelsuppe nochmals mit Salz und Pfeffer abschmecken und nach Belieben mit Schmand verfeinern. Mit den Pumpernickel-Croûtons bestreuen und die Suppe sofort servieren.

— Statt Petersilienwurzeln kann man für diese Suppe auch Knollensellerie oder Pastinaken verwenden.

— Diese Suppe lässt sich hervorragend einfrieren und bei akutem Zeitmangel schnell wieder auftauen.

Tomatensuppe mit Pistazien

Für 4 Personen
1 Zwiebel
1 Knoblauchzehe
4 EL Hirse- oder Teff-Mehl
4 EL Butter
400 g stückige Tomaten (aus der Dose)
½ l Gemüsebrühe
4 EL Pistazienkerne
1 Handvoll Basilikumblätter
Salz und Pfeffer aus der Mühle
1 Msp. Chilipulver
4 EL Schmand (oder Crème fraîche)

1 Die Zwiebel und den Knoblauch schälen und in feine Würfel schneiden. Das Mehl in einem Topf ohne Fett anrösten, bis es zu duften beginnt. Die Butter dazugeben und mit dem Schneebesen gut unterrühren. Die Zwiebel und den Knoblauch hinzufügen und alles unter Rühren andünsten.

2 Dann die Tomaten samt Saft dazugeben, die Brühe angießen und alles 15 bis 20 Minuten köcheln lassen.

3 Die Pistazien hacken. Das Basilikum waschen und trocken schütteln, die Blätter abzupfen und klein schneiden.

4 Die Suppe mit Salz, Pfeffer und Chilipulver würzen und nach Belieben mit dem Stabmixer pürieren.

5 Die Tomatensuppe auf tiefe Teller verteilen und jeweils 1 EL Schmand in die Mitte geben. Mit dem Basilikum und den Pistazien bestreut servieren.

— Teff ist eine Hirseart und wird auch Zwerghirse genannt. Da Teff, wie auch Hirse, kein Gluten enthält, sind beide Mehlsorten eine tolle Variante für Zöliakiebetroffene oder Menschen mit Glutensensitivität.

Erbsensuppe mit Minze

Für 4 Personen

1 Dose Kokosmilch (400 g; am besten ohne Verdickungsmittel)
2 Zwiebeln
5 Stiele Minze
1 EL Rapsöl
600 g tiefgekühlte Erbsen
½ l Gemüsebrühe
Saft von 1 Zitrone
Salz und Pfeffer aus der Mühle

1 Am Vortag die Kokosmilchdose 12 Stunden – am besten über Nacht – in den Kühlschrank stellen, damit das Fett fest wird und sich vom flüssigen Anteil absetzt. Am nächsten Tag die Dose vorsichtig, ohne zu schütteln, öffnen. Den fest gewordenen cremigen Teil der Kokosmilch abnehmen und in einer kleinen Schüssel abgedeckt kühl stellen. Den wässrigen Teil beiseitestellen.

2 Die Zwiebeln schälen und in feine Würfel schneiden. Die Minze waschen und trocken schütteln, die Blätter abzupfen und fein schneiden, die Stiele aufbewahren.

3 Das Öl in einem Topf erhitzen und die Zwiebeln darin andünsten. Die tiefgekühlten Erbsen und die Minzstiele dazugeben, die Brühe und den wässrigen Teil der Kokosmilch dazugießen und alles aufkochen. Zugedeckt bei mittlerer Hitze etwa 10 Minuten köcheln lassen.

4 Die Minzstiele wieder entfernen und die Erbsensuppe mit dem Stabmixer fein pürieren. Mit etwas Zitronensaft, Salz und Pfeffer abschmecken. Die feste, gekühlte Kokoscreme glatt rühren und mit etwas Salz und Zitronensaft würzen. Zum Servieren die Suppe auf tiefe Teller verteilen und je 1 Klecks Kokoscreme daraufgeben. Mit Minze bestreut servieren.

— Vergessen, die Kokosmilch über Nacht kühl zu stellen? Kein Problem! Dann stellen Sie die Dose einfach etwa 30 Minuten in das Tiefkühlfach. Wichtig dabei ist, dass sie aufrecht steht, sodass sich der festere Teil der Kokosmilch oben sammelt und später gut abnehmen lässt. Die Kokoscreme wird dann möglicherweise etwas flüssiger, aber das tut dem Genuss der Suppe keinen Abbruch.

Erbsenpüree mit Räucherfisch

Für 4 Personen
3 EL gehobelte Haselnüsse
1 Knoblauchzehe
1 EL Olivenöl
500 g Erbsen (frisch oder tiefgekühlt)
100 ml Gemüsebrühe
Salz und Pfeffer aus der Mühle
2 große Scheiben Bauernbrot
125 g Räucherfisch (z. B. Forellen- oder Makrelenfilets)
50 g Parmesanspäne
einige Basilikumblätter

1 Die Haselnüsse in einer Pfanne ohne Fett duftend anrösten.

2 Den Knoblauch schälen und grob zerkleinern. Das Olivenöl in einem Topf erhitzen und den Knoblauch darin andünsten. Die Erbsen und die Brühe hinzufügen und bei mittlerer Hitze 5 Minuten köcheln lassen (bei tiefgekühlten Erbsen verlängert sich die Garzeit um 3 Minuten). Dann mit dem Stabmixer fein pürieren und das Püree mit Salz und Pfeffer würzen.

3 Die Brotscheiben im Toaster anrösten, das Erbsenpüree darauf verteilen und den Räucherfisch in kleinen Stücken darauflegen. Mit den gerösteten Nüssen und dem Parmesan bestreuen. Mit Basilikumblättern und nach Belieben frisch gemahlenem Pfeffer bestreut servieren.

— Parmesanspäne lassen sich am einfachsten mit einem Sparschäler herstellen.

Lachs im Glas mit Avocado und Walnüssen

Für 4 Personen
3 Avocados
Saft von 1–2 Zitronen
Salz und Pfeffer aus der Mühle
1 Granatapfel
200 g Naturjoghurt (10 % Fett)
2 EL Olivenöl
8 Scheiben Räucherlachs
½ Bund Rucola
3 EL gehackte Walnüsse

1 Die Avocados der Länge nach halbieren und den Stein entfernen. Das Fruchtfleisch mit einem Löffel aus der Schale lösen, in einen hohen Rührbecher geben und sofort mit einigen Spritzern Zitronensaft beträufeln (siehe Tipp). 1 Prise Salz und etwas Pfeffer dazugeben, dann alles mit dem Stabmixer so kurz wie möglich cremig pürieren. Wer keinen Stabmixer hat, zerdrückt das Fruchtfleisch mit der Gabel.

2 Das Avocadomus auf vier Weckgläser (à 200 ml) verteilen. Den Granatapfel öffnen und die Kerne herauslösen (siehe Tipp). Die Granatapfelkerne in den Gläsern auf dem Avocadomus verteilen.

3 Den Joghurt mit Olivenöl, 1 Spritzer Zitronensaft, 1 Prise Salz und etwas Pfeffer cremig rühren. Den Joghurt ebenfalls in die Gläser füllen, den Räucherlachs darauf verteilen.

4 Den Rucola verlesen, waschen und trocken tupfen. Lange Stiele entfernen und die Blätter grob zerrupfen. Den Rucola ebenfalls in die Gläser geben und mit den Walnüssen bestreuen. Bis zum Servieren in den Kühlschrank stellen.

— Durch den Kontakt mit Luft oxidiert das Fruchtfleisch der Avocado und verfärbt sich unansehnlich braun. Zitronen- oder Limettensaft verhindert durch seine Säure diesen Prozess.

— Zum Auslösen von Granatapfelkernen am besten den Blütenansatz der Früchte wie einen Deckel abschneiden. Dann entlang der Kammern, in denen sich die Kerne befinden, die Schale einschneiden. Den Granatapfel entlang des Schnitts aufbrechen und die Kerne mit einer Gabel oder den Fingern vorsichtig herauspulen.

Dips
ALS KLEINER GRUSS AUS DER KÜCHE

IM NU FERTIG!

Mit wenigen Zutaten und megakurzer Vorbereitungszeit sind sie ein ideales Amuse-Gueule oder eine einfache Vorspeise, die in vielen Fällen schon am Vortag vorbereitet werden kann. Echt praktisch!

TOTAL UMGÄNGLICH

Lecker mit oder auf hellem oder dunklem Brot, zu Gemüsesticks, Knabberstangen, Kräcker & Co.

Guacamoledip mit Koriander

Räucherfischdip mit Kapern

FÜR JEDEN WAS DABEI

Unter den Gästen sind Veganer, Vegetarier, Laktoseintolerante, Glutenallergiker etc.? Gar kein Stress. Tischen Sie einfach unterschiedliche Dips auf. Jeder findet bestimmt seinen Liebling.

Paprikadip mit Schafskäse

Für 4 Personen
2 rote Paprikaschoten
2 Knoblauchzehen
2 EL Olivenöl
Salz und Pfeffer aus der Mühle
10 Zweige Thymian
160 g Feta (Schafskäse)
125 g Frischkäse
25 g Oliven (ohne Stein)
1 EL Zitronensaft

1 Den Backofen auf 220 °C Umluft vorheizen. 2 rote Paprikaschoten längs halbieren, entkernen, waschen und in 6 Stücke schneiden. Die Paprikastücke mit der Schale nach oben in eine ofenfeste Form legen und 2 Knoblauchzehen in der Schale dazulegen. Die Paprika mit dem Olivenöl besprenkeln und mit Salz und Pfeffer aus der Mühle würzen.

2 Im Ofen auf der obersten Schiene 20 Minuten garen. Die Schale der Paprika kann dabei ruhig etwas anbräunen.

3 Die Paprika aus dem Ofen nehmen, in einen Gefrierbeutel füllen und gut verschließen. Die Paprika darin abkühlen lassen und anschließend häuten.

4 Thymian waschen und trocken schütteln, die Blättchen abzupfen. Den Knoblauch aus der Schale drücken und mit Paprikafilets, Feta, Frischkäse, Oliven, Zitronensaft und Thymianblättchen mit dem Stabmixer fein pürieren.

Orientalischer Möhrendip

Für 4 Personen
1 haselnussgroßes Stück Ingwer
1 Schalotte
1 Knoblauchzehe
250 g Möhren
1 EL Sesamöl
1 EL Honig
½ TL Kreuzkümmelsamen
½ TL Zimtpulver
Salz und Pfeffer aus der Mühle
240 g Kichererbsen (aus der Dose)
4 EL Tahin (Sesampaste)
Saft von ½ Zitrone

1 Ingwer, Schalotte und Knoblauch schälen. Möhren putzen und schälen, mit Ingwer, Schalotte und Knoblauch im Blitzhacker oder in der Küchenmaschine fein hacken.

2 Die Mischung in einem Topf mit Sesamöl, Honig, Kreuzkümmelsamen, Zimtpulver, etwas Salz und Pfeffer bei schwacher Hitze etwa 10 Minuten dünsten.

3 Die Kichererbsen in ein Sieb abgießen, abspülen und abtropfen lassen. Mit dem Tahin zum Gemüse geben und cremig pürieren. Sollte der Dip zu trocken sein, zusätzlich ein wenig Wasser unterrühren.

4 Den Möhrendip mit etwas Sesamöl und Zitronensaft beträufeln. Nach Belieben mit Chilipulver bestäuben und mit Minzeblättern garniert servieren.

Guacamoledip mit Koriander

Für 4 Personen
1 Knoblauchzehe
1 Bund Koriander
3 reife Avocados
gemahlener Kreuzkümmel
1 EL Olivenöl
Salz und Pfeffer aus der Mühle

1 Den Knoblauch schälen, den Koriander waschen, trocken tupfen und die Blättchen abzupfen. Beides im Blitzhacker fein zerkleinern.

2 Die Avocados halbieren und den Stein entfernen. Die Avocadohälften schälen und das Fruchtfleisch mit 1 Prise gemahlenem Kreuzkümmel und Olivenöl verrühren. Den Guacamole-Koriander-Dip nach Belieben nochmals mit Salz und Pfeffer aus der Mühle abschmecken.

— Fruchtiger wird es, wenn man zusätzlich eine klein gewürfelte Tomate unterhebt und den Dip mit etwas Limettensaft abschmeckt.

Räucherfischdip mit Kapern

Für 4 Personen
3 Stiele Petersilie
375 g Räucherfisch (z.B. Forellenfilets)
150 g Crème fraîche
1 EL körniger Senf
Salz und Pfeffer aus der Mühle
3 EL Zitronensaft und etwas -schale
35 g Kapern (abgetropft)

1 Die Petersilie waschen, trocken schütteln und die Blätter abzupfen. Räucherfisch, Crème fraîche, Senf, Salz, Pfeffer, Zitronensaft und -schale sowie die Kapern mit den Petersilienblättern in einem hohen Rührbecher mit dem Stabmixer fein pürieren.

2 Den Räucherfischdip mit Salz, Pfeffer und Zitronensaft abschmecken. Er schmeckt köstlich zu einem gemischten Blattsalat, zu geröstetem Brot oder zusammen mit Tomaten und Koriander auf einem deftigen Schwarzbrot.

— Schön rosa wird der Dip, wenn man ihn mit Saiblingsfilet oder Stremellachs zubereitet.

— Hübsch fürs Auge: den Dip ohne Kapern pürieren und diese erst zum Schluss darüberstreuen bzw. vorsichtig unterrühren.

Mozzarella im Zucchinimantel

Für 4 Personen
1 große Zucchini
Salz und Pfeffer aus der Mühle
1 Knoblauchzehe
ca. 100 g schnittfester Mozzarella
1 EL Olivenöl
8 Schnittlauchhalme
8 dünne Scheiben Räucherspeck
1–2 EL Aceto balsamico

1 Die Zucchini putzen, waschen und der Länge nach in 8 Scheiben schneiden. Mit Salz und Pfeffer würzen.

2 Den Knoblauch schälen und in dünne Scheiben schneiden. Den Mozzarella in 8 Stücke schneiden.

3 Das Olivenöl in einer Pfanne erhitzen und die Zucchinischeiben darin auf beiden Seiten etwa 4 Minuten braten. Den Knoblauch dazugeben und kurz mitbraten. Die Zucchinischeiben herausnehmen und auf Küchenpapier abtropfen lassen.

4 Den Schnittlauch waschen und trocken schütteln. Je 1 Scheibe Speck und 1 Stück Mozzarella auf die Zucchinischeiben legen, aufrollen und mit 1 Schnittlauchhalm zusammenbinden. Alternativ mit kleinen Holzspießchen feststecken.

5 Den Mozzarella im Zucchinimantel auf einer Platte anrichten und kurz vor dem Servieren mit dem Essig beträufeln.

— Diese leckeren Häppchen machen auch mit gelben Zucchini eine gute Figur. Oder man ersetzt Zucchini und Mozzarella durch Aubergine und Feta.

Ziegenkäse mit Walnusskruste auf Salat mit Äpfel

Für 4 Personen

50 g Walnusskerne
2 EL Vollkorn-Semmelbrösel
2 EL Olivenöl
2 EL flüssiger Honig
Salz und Pfeffer aus der Mühle
2 kleine säuerliche Äpfel (z.B. Elstar)
2 EL Zitronensaft
300 g Radicchio
2 Chicorée (ca. 100 g)
50 g Bärlauch
8 EL Orangensaft
3–4 EL Weißweinessig
1 TL Senf
4 EL Traubenkernöl
4 Ziegenkäsetaler (à ca. 80 g)

1 Für die Kruste die Walnüsse fein hacken. Mit Semmelbröseln, Olivenöl und Honig vermischen, mit Salz und Pfeffer würzen.

2 Die Äpfel waschen, vierteln, das Kerngehäuse entfernen und die Äpfel in hauchdünne Scheiben hobeln oder schneiden. Mit dem Zitronensaft beträufeln.

3 Den Radicchio, den Chicorée und den Bärlauch putzen und waschen. Den Radicchio in Stücke zupfen, den Chicorée und den Bärlauch in Streifen schneiden.

4 Für die Vinaigrette den Orangensaft mit dem Essig, Senf, Salz, Pfeffer und dem Traubenkernöl verquirlen. Die Apfelscheiben und die Salatblätter locker mischen und auf Teller verteilen, dann die Vinaigrette darüberträufeln.

5 Den Backofengrill vorheizen. Die Ziegenkäsetaler in eine ofenfeste Form setzen und die Walnussmasse etwa 1 cm dick daraufstreichen. Unter dem heißen Grill etwa 2 Minuten goldbraun gratinieren.

6 Den Ziegenkäse auf dem Salatbett anrichten und sofort servieren.

Gegrillte Avocado mit Parmaschinken

Für 4 Personen
3 feste, aber reife Avocados
½ Papaya
½ Baguette
4 EL Olivenöl
Saft und abgeriebene Schale von ½ Bio-Zitrone
Salz und Pfeffer aus der Mühle
8 Scheiben Parmaschinken

1 Die Avocados halbieren und den Stein entfernen. Die Avocadohälften schälen und das Fruchtfleisch in schmale Spalten schneiden. Die Papaya schälen, ggf. Kerne entfernen, und das Fruchtfleisch ebenfalls in dünne Spalten schneiden. Das Baguette in kleine Würfel schneiden.

2 Ein Backblech mit etwas Olivenöl einfetten. Avocados, Papaya und Brotwürfel nebeneinander auf dem Backblech verteilen. Das übrige Olivenöl, den Zitronensaft und die -schale über die Zutaten geben und mit Salz und Pfeffer würzen. Den Parmaschinken in Stücke zupfen und beiseitelegen.

3 Den Backofengrill einschalten und die Zutaten auf dem Blech 10 bis 12 Minuten grillen. Herausnehmen, den Schinken darauf verteilen und alles weitere 2 Minuten grillen.

4 Das Blech aus dem Ofen nehmen und die gegrillten Avocados mit Weißwein oder Bier servieren.

— Für Vegetarier lassen Sie den Parmaschinken weg und hobeln etwas Parmesan über die Avocados.

— Für Veganer lassen Sie ebenfalls den Schinken weg und bestreuen dafür das Blech mit gerösteten Pinienkernen.

Süßkartoffel-Toasties

Für 4 Personen

2 große Süßkartoffeln (ca. 900 g)
100 g Parmesan (am Stück)
400 g Ricotta
1 Handvoll Haselnusskerne
3–4 Stiele Petersilie
1 rote Zwiebel (nach Belieben)
2 Knoblauchzehen
3 EL Olivenöl
Salz und Pfeffer aus der Mühle

1 Die Süßkartoffeln schälen, waschen und in etwa ½ cm dicke Scheiben schneiden. Auf ein mit Backpapier belegtes Backblech legen.

2 Den Parmesan reiben und mit dem Ricotta mischen. Die Haselnusskerne hacken und unter den Käse rühren. Die Petersilie waschen und trocken schütteln, die Blätter abzupfen, fein hacken und ebenfalls unterrühren. Die Zwiebel und den Knoblauch schälen, in feine Streifen bzw. Scheiben schneiden und mit 2 EL Olivenöl mischen.

3 Den Backofen auf 180 °C Umluft vorheizen. Die Käse-Nuss-Petersilien-Mischung auf den Süßkartoffelscheiben verteilen. Mit dem restlichen Olivenöl beträufeln sowie mit Salz und Pfeffer würzen. Zwiebel-Knoblauch-Mischung darauf erteilen. Alles im Ofen etwa 20 Minuten goldbraun backen.

4 Herausnehmen und auf Teller verteilen. Nach Belieben mit Petersilie bestreuen.

— Milder und somit ideal für Kinder schmecken die Toasties ohne Zwiebel und Knoblauch.

VORSPEISEN

HAUPTSPEISEN

NACHSPEISEN

EASY MENÜS

Hauptspeisen

WORAUF SICH
ALLE FREUEN

Schweinefilet mit Kräuterkruste und buntem Backofengemüse

Für 4 Personen
Für das Gemüse:
400 g Kartoffeln
200 g Möhren
200 g Pastinaken
1 Rote Bete (ca. 400 g)
150 g Cocktailtomaten an der Rispe
2 EL Olivenöl
Salz und Pfeffer aus der Mühle

Für das Fleisch:
6 Stiele Thymian
12 Stiele Petersilie
80 g Butter
5 EL Semmelbrösel
3 EL geriebener Parmesan
600 g Schweinefilet
Salz und Pfeffer aus der Mühle
1 EL Öl

1 Für das Backofengemüse Kartoffeln, Möhren, Pastinaken und Rote Bete schälen und in längliche Spalten schneiden. (Zum Schälen der Roten Beten am besten Einweghandschuhe tragen.) Die Tomaten waschen und an der Rispe belassen.

2 Das Gemüse nach Sorten getrennt auf einem mit Backpapier belegten Backblech verteilen. Das Olivenöl darüberträufeln und mit dem Gemüse mischen. Das Gemüse im vorgeheizten Backofen bei 180 °C Umluft auf der mittleren Schiene etwa 25 Minuten backen.

3 Inzwischen für das Fleisch die Kräuter waschen, trocken schütteln, die Blätter abzupfen und fein hacken. Die Butter schmelzen. Semmelbrösel, Parmesan, Butter und Kräuter verrühren und nach Belieben noch 1 Knoblauchzehe dazudrücken.

4 Das Fleisch waschen, trocken tupfen, mit Salz und Pfeffer würzen. Das Öl erhitzen und das Filet im Ganzen rundum etwa 5 Minuten anbraten. Die Kräuterpaste auf das Filet streichen und etwa 12 bis 15 Minuten mit dem Gemüse fertig garen.

5 Das Fleisch herausnehmen und kurz ruhen lassen. Das Gemüse mit Salz und Pfeffer würzen und auf vier vorgewärmte Teller verteilen. Das Fleisch in Scheiben schneiden und daneben anrichten.

Holzfällersteak mit gebratenem Spargel

Für 4 Personen
Für die Kräuterbutter:
1 Zwiebel und 1 Knoblauchzehe
1 Zweig Thymian
je 3 Stiele Oregano, Estragon und Petersilie
einige Schnittlauchhalme
175 g Butter und Salz

Für die Steaks:
800 g Rinderfilet oder Roastbeef (am Stück)
Salz und 30 g Butterschmalz
Pfeffer aus der Mühle

Für den Salat:
½ Kopfsalat
1 Bund Radieschen
1 Bund Frühlingszwiebeln
1 kleine Salatgurke
1 rote Paprikaschote
2 EL Essig
1 EL Öl
1 TL mittelscharfer Senf
2 TL Honig
Salz und Pfeffer aus der Mühle
Zucker

Für die Zwiebelringe:
3–4 Zwiebeln, Mehl
Öl zum Ausbacken

Für den Spargel:
800 g weißer und grüner Spargel
Butter zum Braten
Salz und Pfeffer aus der Mühle
2 EL Crème fraîche

1 Am Vortag für die Kräuterbutter die Zwiebel und den Knoblauch schälen und in grobe Würfel schneiden. Die Kräuter waschen und trocken schütteln, die Blätter bzw. Nadeln abzupfen. Zwiebel, Knoblauch und Kräuter im Mixer sehr fein zerkleinern. Die Butter und etwas Salz untermixen. Die Kräuterbutter in einen Spritzbeutel mit Sterntülle geben und auf einen großen Teller Rosetten spritzen. Zugedeckt über Nacht kühl stellen.

2 Am nächsten Tag für die Steaks das Fleisch mindestens 30 Minuten vor dem Braten aus dem Kühlschrank nehmen. In 4 je 2 bis 3 cm dicke Stücke schneiden. Die Fleischstücke auf beiden Seiten mit Salz würzen und bis zur Verwendung zugedeckt bei Zimmertemperatur ruhen lassen.

3 Für den Salat den Kopfsalat waschen, trocken schleudern und in kleine Stücke zupfen. Die Radieschen und die Frühlingszwiebeln putzen und waschen, die Gurke waschen, die Paprika längs halbieren, entkernen und waschen. Alle Gemüse klein schneiden. Für das Dressing Essig, Öl, Senf, Honig, ½ TL Salz, etwas Pfeffer und Zucker mit 100 ml Wasser verrühren. Das Dressing bis zur Verwendung kühl stellen.

4 Für die Zwiebelringe die Zwiebeln schälen, in Ringe schneiden und mit etwas Mehl vermischen. Das Öl in einem großen Topf erhitzen. Es ist heiß genug, wenn sich an einem hineingehaltenen Holzlöffelstiel Blasen bilden. Die Zwiebelringe im Öl ausbacken. Mit dem Schaumlöffel herausheben und auf Küchenpapier abtropfen lassen.

5 Für den Spargel den Spargel waschen, grünen Spargel im unteren Drittel schälen, weißen Spargel ganz schälen. Die holzigen Enden jeweils abschneiden und die Stangen schräg in Stücke schneiden.

6 Für die Steaks den Backofen auf 180 °C vorheizen. Das Butterschmalz in einer Pfanne stark erhitzen und die Steaks darin auf jeder Seite 1 Minute anbraten. Mit Pfeffer würzen, einzeln in Alufolie wickeln und im Ofen etwa 15 Minuten garen. (Wenn man eine niedrigere Ofentemperatur wählt, wird das Fleisch zarter, muss allerdings auch etwas länger im Ofen bleiben.)

7 Inzwischen für den Spargel die Butter in einer Pfanne erhitzen und den Spargel darin bissfest braten. Mit Salz und Pfeffer würzen und die Crème fraîche unterrühren. Den Spargel mit Steaks, Zwiebelringen und Kräuterbutter auf Tellern anrichten und sofort servieren. Den Salat mit dem Dressing mischen und dazu reichen.

— Dieses Rezept lässt sich auch leicht in ein Low-Carb-Rezept verwandeln: einfach Honig und Zucker beim Salat weglassen und die Zwiebelringe ohne Mehl anbraten.

— Wenn der Spargel gerade keine Saison hat, gibt es zu Steaks einfach hausgemachten Kartoffelbrei.

Minutensteaks auf Kartoffel-Endivien-Püree

Für 4 Personen
200 ml Buttermilch
4 EL gehackte Kräuter (z.B. Petersilie, Rosmarin und Thymian)
5 EL Dijon-Senf
1–2 TL Honig
8 Minutensteaks vom Schwein (à ca. 80–100 g)
4 Schalotten
3 EL Balsamico bianco
3 EL Rapsöl
Salz und Pfeffer aus der Mühle
8 große Endiviensalatblätter
800 g vorwiegend festkochende Kartoffeln
160 ml Milch
2 EL Butter
frisch geriebene Muskatnuss

1 Am Vorabend die Minutensteaks marinieren. Dafür Buttermilch, Kräuter, 3 EL Senf und 1 TL Honig verrühren. Die Steaks mit der Marinade übergießen und über Nacht zugedeckt kühl stellen.

2 Am nächsten Tag die Schalotten schälen und in feine Würfel schneiden. In einer Schüssel mit Essig, 1 EL Öl und restlichem Senf verrühren, mit Salz, Pfeffer und etwas Honig würzen. Die Salatblätter waschen und trocken schleudern, dann in feine Streifen schneiden. Den Salat mit dem Dressing mischen.

3 Für den Kartoffelbrei die Kartoffeln schälen und in einem Topf knapp mit Salzwasser bedeckt zum Kochen bringen. Mit schräg aufgelegtem Deckel bei schwacher Hitze etwa 20 Minuten gar köcheln lassen.

4 Die Kartoffeln abgießen und etwas ausdampfen lassen. Dann Milch und Butter dazugeben und alles mit dem Kartoffelstampfer fein stampfen. Mit Salz, Pfeffer und Muskatnuss würzen.

5 Die Minutensteaks trocken tupfen. Übriges Öl in einer beschichteten Pfanne erhitzen und die Steaks auf jeder Seite etwa 1½ Minuten braten, bis sie leicht gebräunt und gar sind. Mit Salz und Pfeffer würzen.

6 Den Endiviensalat unter den Kartoffelbrei rühren und den Brei auf vier Teller häufen. Die Steaks darauf anrichten.

— Wer keinen Endiviensalat bekommt, kann stattdessen auch Gurkenscheiben oder Chicorée unter den Kartoffelbrei heben. Beide haben genügend Biss, um nicht zu sehr zusammenzufallen.

Steaks vom Blech mit Rosmarin-Kartöffelchen und grüner Sauce

Für 4 Personen

Für das Steakblech:

800 g Drillinge (das sind die ganz kleinen Kartöffelchen, die man prima mit Schale essen kann)
4 EL Olivenöl
1 EL grobes Meersalz
4 Zweige Rosmarin
1 EL Butterschmalz
4 Rindersteaks (à 150–200 g)
Salz und Pfeffer aus der Mühle

Für die grüne Sauce:

2 grüne Paprikaschoten
je 1 Bund Petersilie, Koriander, Minze und Basilikum
2 Knoblauchzehen
1 Schalotte
Saft von 1 Zitrone
4–6 EL Olivenöl
1 TL Zucker
Salz und Pfeffer aus der Mühle

1 Den Backofen auf 200 °C Umluft vorheizen. Die Kartoffeln waschen, trocken reiben, mit dem Olivenöl mischen und mit dem Meersalz würzen. Anschließend auf einem Backblech verteilen.

2 Den Rosmarin waschen, trocken schütteln und die Nadeln abzupfen. Die Kartoffeln mit Rosmarin bestreuen und im Ofen etwa 20 Minuten backen.

3 Das Butterschmalz in einer Pfanne erhitzen. Die Steaks auf jeder Seite etwa 1 Minute scharf anbraten. Danach auf die Kartoffeln auf dem Blech legen und bis zum gewünschten Gargrad mitgrillen. Die Kartoffeln brauchen jetzt noch etwa 20 Minuten, bis sie knusprig goldgelb sind, die Steaks zwischen 5 und 10 Minuten.

4 Inzwischen für die grüne Sauce die Paprikaschoten längs halbieren, entkernen und waschen. Die Kräuter waschen, trocken schütteln und die Blätter abzupfen. Den Knoblauch und die Schalotte schälen. Paprikaschoten, Kräuter, Knoblauch und Schalotte in den Mixer oder Blitzhacker geben. Den Zitronensaft und das Olivenöl dazugeben und alles grob mixen bzw. hacken. Mit dem Zucker, Salz und Pfeffer würzen.

5 Sobald die Steaks nach Wunsch gegart sind, herausnehmen, fest in Alufolie einwickeln und ruhen lassen, bis die Kartoffeln fertig sind. Die Steaks mit Salz und Pfeffer würzen und mit der grünen Sauce genießen.

Asia-Gemüse-Wok mit Rindfleisch

Für 4 Personen
400 g Rinderhüftsteak
2 gelbe Paprikaschoten
400 g Shiitakepilze
2 kleine Stangen Lauch
2 kleine rote Chilischoten
400 g Chinakohl
4 EL nicht natives helles Sesamöl
300 ml Gemüsebrühe
8 EL Teriyaki-Sauce
1 EL Speisestärke
Salz und Pfeffer aus der Mühle
1–2 EL Limettensaft

1 Das Fleisch in dünne Streifen schneiden. Die Paprikaschoten längs halbieren, entkernen, waschen und in dünne Streifen schneiden. Die Pilze putzen, die Stiele entfernen, die Hüte trocken abreiben und je nach Größe ganz lassen oder halbieren.

2 Den Lauch putzen, waschen und schräg in dünne Scheiben schneiden. Die Chilischoten längs halbieren, entkernen, waschen und in dünne Ringe schneiden. Den Chinakohl putzen, waschen, halbieren und quer in etwa 1 cm breite Streifen schneiden.

3 Das Öl im Wok oder in einer großen Pfanne erhitzen und das Fleisch darin bei starker Hitze etwa 2 Minuten unter Wenden kräftig anbraten. Das Fleisch herausnehmen und beiseitestellen.

4 Dann Paprika, Pilze, Lauch und Chili in der Pfanne im verbliebenen Fett bei starker Hitze 2 bis 3 Minuten anbraten. Das Fleisch wieder dazugeben, Brühe und Teriyaki-Sauce dazugießen und alles bei schwacher Hitze etwa 2 Minuten köcheln lassen. Dann den Chinakohl hinzufügen und noch etwa 1 Minute mitgaren.

5 Die Speisestärke mit 3 EL Wasser glatt rühren, zum Gemüse geben und alles aufkochen. Das Gemüse mit Salz, Pfeffer und Limettensaft abgeschmeckt servieren. Dazu passt Basmatireis.

— Wer mag, kann noch 60 g Glasnudeln untermischen. Dazu die Nudeln mit kochendem Wasser übergießen, etwa 10 Minuten einweichen, dann abtropfen lassen und mit einer Schere grob zerschneiden.

Rinderfilet auf glasiertem Gemüse mit kleinen Kartoffelpuffern

Für 4 Personen

Für das Rinderfilet:

600–800 g Rinderfilet
50–100 ml Bärlauchöl zum Marinieren

Für die Bärlauchbutter:

50 g weiche Butter
50 g Frischkäse
½ TL Bärlauchpesto (aus dem Glas)

Für die Kartoffelpuffer:

500 g festkochende Kartoffeln
1 Ei
Salz und Pfeffer aus der Mühle
frisch geriebene Muskatnuss
Butterschmalz zum Ausbacken

Für das Gemüse:

je 1 kleine grüne und gelbe Zucchini
4 Radieschen
1 kleiner Kohlrabi
2 EL Butter
1 EL Blütenhonig
Kräutersalz

Für die Portweinsauce:

100 ml Portwein
100 ml Rinderbrühe
100 g Sahne
1 TL Bärlauchpesto (aus dem Glas)
Salz und Pfeffer aus der Mühle

1 Am Vortag das Rinderfilet in 1½ bis 2 cm dicke Scheiben schneiden, in Bärlauchöl einlegen und zugedeckt kühl stellen.

2 Für die Bärlauchbutter die Butter mit dem Frischkäse und dem Pesto verrühren, in Pralinenförmchen füllen und ins Tiefkühlfach stellen.

3 Am nächsten Tag für die Kartoffelpuffer die Kartoffeln schälen, waschen und auf der Gemüsereibe oder in der Küchenmaschine reiben. In ein feines Sieb geben, in eine Schüssel stellen und abtropfen lassen.

4 Für das Gemüse die Zucchini und die Radieschen putzen und waschen. Den Kohlrabi putzen, schälen und in formschöne Stücke schneiden.

5 In einem Topf die Butter erhitzen, den Honig dazugeben und das Gemüse darin andünsten. Etwas Wasser hinzufügen, mit Kräutersalz würzen und das Gemüse zugedeckt etwa 5 Minuten bissfest garen.

6 Den Backofen auf 100 °C vorheizen. Die Kartoffelraspel, die abgesetzte Stärke aus der Schüssel und das Ei mischen und mit Salz, Pfeffer und Muskatnuss würzen. Etwas Butterschmalz in einer Pfanne erhitzen. Die Kartoffelmasse portionsweise mit einem Teelöffel in die Pfanne setzen und flach streichen. Die Kartoffelpuffer auf beiden Seiten goldbraun und knusprig backen. Im Backofen warm halten, bis alle Kartoffelpuffer gebacken sind.

7 Die Rinderfiletscheiben aus der Marinade nehmen und in einer Pfanne auf beiden Seiten 2 bis 3 Minuten anbraten. Herausnehmen und mit Alufolie zugedeckt im Backofen 10 Minuten warm stellen (dann sind sie medium).

8 Für die Sauce den Bratensatz mit dem Portwein ablöschen und etwas einkochen lassen. Die Brühe und die Sahne angießen und kurz aufkochen lassen. Mit dem Pesto und nach Belieben mit Kräutersalz abschmecken und in kleine Gläser abfüllen.

9 Das Rinderfilet mit der Sauce, dem Gemüse, den Kartoffelpuffern und der Bärlauchbutter anrichten.

Lammhackbällchen auf Orangenreis

Für 4 Personen
2 Bio-Orangen
Zucker
300 g Basmatireis
Salz
6 EL Butterschmalz
2 rote Zwiebeln
300 g Lammschulter
30 g Weißbrot (vom Vortag)
gemahlener Kreuzkümmel
2 Möhren
1 Msp. Safranfäden
2 EL Pistazienstifte

1 Den Backofen auf 180 °C vorheizen. Die Orangen heiß waschen und abtrocknen. Die Orangen dünn schälen und die Schale in feine Streifen schneiden. Dann auch die weiße Haut der Orangen entfernen und die Fruchtfilets aus den Trennhäuten herauslösen. Die Fruchtfilets in einer Auflaufform im Ofen auf der mittleren Schiene 10 Minuten trocknen.

2 Inzwischen die Orangenschalenstreifen in kochendem Wasser zweimal blanchieren, dabei das Wasser jedes Mal wechseln. Dann in Zuckerwasser weich kochen.

3 Reis waschen, in Salzwasser etwa 7 Minuten garen, in ein Sieb gießen und abbrausen. 2 EL Butterschmalz in einem Topf mit dickem Boden erhitzen, den Reis darin zugedeckt bei sehr schwacher Hitze dämpfen, dabei ein sauberes Küchentuch zwischen Topf und Deckel klemmen.

4 Zwiebeln schälen, 1 Zwiebel sehr fein würfeln. Fleisch durch die feine Scheibe des Fleischwolfs drehen. Dann das Brot durchdrehen. Mit Hack, Salz, Zwiebelwürfeln und Kreuzkümmel verkneten. Zu Bällchen formen und diese in 2 EL Butterschmalz braten.

5 Möhren putzen, schälen, fein schneiden, salzen und in 1 EL Butterschmalz weich dünsten. Übrige Zwiebel halbieren, in feine Scheiben schneiden. Im restlichen Butterschmalz anbraten, mit Salz und Zucker würzen. Safran mörsern und mit 1 EL heißem Wasser und dem Orangensaft unter den Reis mischen. Hackbällchen, Zwiebeln, Möhren und Orangenfilets darauf anrichten. Mit Pistazien und Orangenschalenstreifen bestreut servieren.

Salat dazu gefällig?
Feldsalat mit Roter Bete und Ziegenkäse
Rucola-Möhren-Salat mit Ingwer

Romanasalat mit Bacon und Croûtons

Spitzkohlsalat mit Grapefruit und Hanfsamen

STATT GEMÜSE

Salate sind eine leichte und knackige Alternative als Beilage. Die meisten lassen sich prima vorbereiten und zugedeckt im Kühlschrank lagern. Damit die Salate nicht unschön zusammenfallen, erst kurz vor dem Servieren mit dem Dressing anmachen.

Feldsalat mit Roter Bete und Ziegenkäse

Für 4 Personen
5 Stiele Dill
3 EL Apfelbalsamico
2 EL Honigsenf
½ Knoblauchzehe
3 EL Öl (z.B. Traubenkernöl)
1 EL Kürbiskernöl
Salz und Pfeffer aus der Mühle
1 Rote Bete (ca. 200 g)
150 g Feldsalat
100 g kernlose Weintrauben (rot oder blau)
2 EL Kürbiskerne
50 g fester Ziegenfrischkäse (mit Honig)
1 TL Schwarzkümmelsamen

1 Den Dill waschen und trocken tupfen, die Spitzen abzupfen und fein hacken. Den Essig und den Honigsenf verrühren, den Knoblauch schälen und dazupressen. Beide Ölsorten nach und nach gründlich unterschlagen. Das Dressing mit Salz und Pfeffer würzen. 1 EL Dill abnehmen und beiseitelegen, den Rest unterrühren.

2 Die Rote Bete schälen und mit dem Spiralschneider in Streifen schneiden (dabei am besten Einweghandschuhe tragen). Mit dem Dressing mischen. Den Feldsalat verlesen, waschen und trocken schleudern. Die Trauben abzupfen, waschen und trocken reiben. Die Kürbiskerne in einer Pfanne ohne Fett anrösten, bis sie sich aufblähen und zu knacken beginnen. Sofort herausnehmen.

3 Feldsalat, Trauben und Kürbiskerne mit den Rote-Bete-Streifen mischen und auf Schälchen verteilen. Den Ziegenkäse grob zerbröckeln und im Schwarzkümmel und im restlichen Dill wenden. Den Salat mit dem Ziegenkäse bestreut servieren.

Rucola-Möhren-Salat mit Ingwer

Für 4 Personen
10 g Ingwer
2 EL Balsamico bianco
1 EL Limettensaft
1 EL Honig
1 TL Dijon-Senf
½ Knoblauchzehe
4 EL Öl (z.B. Rapsöl)
Salz und Pfeffer aus der Mühle
250 g Möhren
½ Bund Radieschen
1 gelbe Paprikaschote
1 EL Sesamsamen
50 g Rucola

1 Den Ingwer schälen und fein reiben. Mit dem Essig, dem Limettensaft, dem Honig und dem Senf verrühren. Den Knoblauch schälen und dazupressen. Das Öl nach und nach unterschlagen und das Dressing mit Salz und Pfeffer würzen.

2 Die Möhren putzen, schälen und mit dem Spiralschneider in Streifen schneiden. Die Radieschen putzen, waschen und in Scheiben schneiden. Die Paprikaschote längs halbieren, entkernen, waschen und in feine Streifen schneiden, diese halbieren. Alles mit dem Dressing mischen und kurz ziehen lassen. Mit Salz und Pfeffer abschmecken.

3 Den Sesam in einer Pfanne ohne Fett hellbraun rösten und sofort herausnehmen. Den Rucola verlesen, waschen und trocken schleudern, grobe Stiele entfernen und die Blätter nach Belieben etwas kleiner zupfen. Den Rucola unter den Salat mischen, den Salat auf Schälchen verteilen, mit dem Sesam bestreuen und servieren.

Romanasalat mit Bacon und Croûtons

Für 4 Personen
1 Schalotte
3 EL Balsamico bianco
Salz und Pfeffer aus der Mühle
2 Romana-Salatherzen
250 g Cocktailtomaten
100 g saure Sahne
1 TL Zucker
3 EL Öl (z. B. Walnussöl)
1 Scheibe Weißbrot
8 Scheiben Bacon (ca. 80 g)
1 EL Öl zum Braten
2 EL Butter

1 Die Schalotte schälen und in feine Würfel schneiden. Mit dem Essig verrühren, salzen und 10 Minuten ziehen lassen. Inzwischen die Salatherzen in die einzelnen Blätter teilen, waschen, trocken schleudern und in Streifen schneiden oder in mundgerechte Stücke zupfen. Die Cocktailtomaten waschen und halbieren.

2 Die saure Sahne und den Zucker unter die Essig-Schalotten-Mischung rühren. Das Öl nach und nach unterschlagen. Das Dressing mit Salz und Pfeffer abschmecken, mit dem Romanasalat und den Tomaten mischen und auf Schälchen verteilen.

3 Das Brot entrinden und in Würfel schneiden. Den Bacon in Quadrate oder Streifen schneiden. Mit dem Öl in die Pfanne geben, knusprig auslassen und auf Küchenpapier abtropfen lassen. Die Butter in der Pfanne erhitzen, die Brotwürfel darin bei mittlerer Hitze rundum hellbraun rösten und auf Küchenpapier kurz abtropfen lassen. Den Salat mit dem Bacon und den Croûtons bestreuen und servieren.

Spitzkohlsalat mit Grapefruit und Hanfsamen

Für 4 Personen
2 EL Balsamico bianco
1 EL Fruchtessig (z. B. Mango-, Passionsfrucht- oder Aprikosenessig)
2 TL Honig und 1 TL Dijon-Senf
½ TL gemahlener Kardamom
4 EL Öl (z. B. Walnussöl)
Salz und Pfeffer aus der Mühle
250–300 g Spitzkohl
1 Grapefruit
2 EL Hanfsamen
2 Stiele Minze

1 Beide Essigsorten, den Honig, den Senf und den Kardamom verrühren. Das Öl nach und nach unterschlagen. Das Dressing mit Salz und Pfeffer würzen. Den Spitzkohl putzen und waschen, den harten Strunk entfernen und die Blätter in feine Streifen schneiden. Mit dem Dressing mischen.

2 Die Grapefruit so großzügig schälen, dass auch die weiße Haut mit entfernt wird. Die Fruchtfilets aus den Trennhäuten schneiden und je nach Größe halbieren oder dritteln.

3 Die Hanfsamen in einer Pfanne ohne Fett anrösten, bis sie duften. Sofort herausnehmen.

4 Die Minze waschen und trocken tupfen, die Blätter abzupfen und in Streifen schneiden. Grapefruitfilets, Minze und Hanfsamen unter den Salat mischen, mit Salz und Pfeffer abschmecken. Den Salat auf Teller verteilen und servieren.

Gefülltes Hähnchen mit Weintrauben

Für 4 Personen

1 Hähnchen (küchenfertig; ca. 1,6 kg)
Salz und Pfeffer aus der Mühle
500 g helle, kernlose Weintrauben
1 Knoblauchknolle
250 g schwarze Oliven (ohne Stein; z.B. Kalamata)
4 EL Olivenöl

1 Den Backofen auf 160 °C vorheizen. Das Hähnchen von innen und außen kalt waschen und mit Küchenpapier trocken tupfen. Die lose am Hals hängende Haut nach hinten auf den Hähnchenrücken ziehen und mit einem Holzspießchen feststecken. So kann keine Füllung aus dem Hähnchen fallen. Das Hähnchen innen mit Salz und Pfeffer würzen.

2 Für die Füllung die Weintrauben waschen und trocken tupfen. Die Knoblauchknolle in einzelne Zehen teilen und diese schälen. Oliven, Weintrauben und je nach Geschmack etwa 6 bis 7 Knoblauchzehen und 2 EL Olivenöl mischen.

3 Das Hähnchen mit der Mischung prall füllen und mit Holzspießchen verschließen. Das Hähnchen von außen mit Salz und Pfeffer würzen und mit dem restlichen Olivenöl bepinseln.

4 Das Hähnchen in einer großen Auflaufform oder auf dem Grillrost (ein tiefes Backblech unterschieben) im Ofen etwa 1½ Stunden knusprig braten.

5 Das Hähnchen herausnehmen und in Portionsstücke tranchieren. Die Füllung und reichlich frisches Weißbrot dazu reichen. Dazu passt ein leckerer Salat von Seite 58/59.

Überbackenes Pestohähnchen mit Fächerkartoffeln

Für 4 Personen
8 große festkochende Kartoffeln
100 g Kräuterbutter
50 g Grana Padano
(in dünnen Scheiben)
Salz und Pfeffer aus der Mühle
4 Hähnchenbrustfilets (à ca. 150 g)
4–6 EL grünes Pesto
2 kleine Tomaten
200 g Mozzarella

1 Den Backofen auf 180 °C Umluft vorheizen. Die Kartoffeln mit der Schale gründlich waschen, trocken tupfen und in 2 mm breiten Abständen ein-, aber nicht durchschneiden – die Scheiben sollen am „Boden" der Kartoffeln noch zusammenhängen (siehe Tipp).

2 Die Kräuterbutter und den Grana Padano abwechselnd in den Spalten verteilen, die Kartoffeln mit Salz und Pfeffer würzen und in eine Auflaufform setzen.

3 Die Hähnchenbrustfilets waschen, trocken tupfen, von Fett und Sehnen befreien und nebeneinander in eine zweite Auflaufform legen. Die Filets mit einem scharfen Messer in gleichmäßigen Abständen quer einschneiden und rundum mit dem Pesto bestreichen.

4 Die Tomaten waschen und in Scheiben schneiden, dabei die Stielansätze entfernen. Den Mozzarella abtropfen lassen und in Scheiben schneiden. Tomaten- und Mozzarellascheiben abwechselnd in die Hähnchenbrusteinschnitte stecken, das Fleisch mit Salz und Pfeffer würzen.

5 Die Fächerkartoffeln mit dem Pestohähnchen im Ofen auf der mittleren und unteren Schiene 35 bis 40 Minuten garen. Beides aus dem Ofen nehmen und sofort servieren.

— Ein simpler, aber genialer Trick beim Fächerschneiden: die Kartoffeln auf einen Esslöffel legen! Das Messer stoppt dann von allein am Löffelrand und man kann die Kartoffeln nicht aus Versehen ganz zerteilen.

Entenbrust mit Glühweinjus

Für 4 Personen
4 kleine Entenbrustfilets (mit Haut; à 150 g)
3 EL Rapsöl
400 ml Rotwein
200 ml Portwein
3 Gewürznelken
1 Zimtstange
4 tasmanische Pfefferkörner
abgeriebene Schale und Saft von 1 Bio-Orange
1 EL Speisestärke
1 Apfel (entkernt, in Würfeln)
2 EL gegarte Maronen (vakuumiert oder aus der Dose)
Salz und Pfeffer aus der Mühle
400 g Schwarzwurzeln
Saft von 1 Zitrone
1 EL gehackte Petersilie
2 EL Butter
1 EL Zucker
4 Scheiben Panettone (in Würfeln)

1 Den Backofen auf 120 °C vorheizen. Das Fleisch, falls nötig, von Sehnen und Silberhäuten befreien. Die Hautseiten sehr fein kreuzweise einschneiden und in einer Pfanne in 1 EL Rapsöl bei mittlerer Hitze langsam anbraten, bis sie schön kross sind. Wenden und die Fleischseiten bei starker Hitze kurz anbraten.

2 Die Filets mit der Fleischseite nach unten auf ein Ofengitter setzen und im Ofen auf der mittleren Schiene 8 Minuten fertig garen, dabei ein tiefes Backblech unterschieben. Herausnehmen und die Ofentemperatur auf 65 °C reduzieren. Die Filets vor dem Anschneiden zugedeckt 5 Minuten im Ofen ruhen lassen.

3 Für die Glühweinjus Rot- und Portwein, Nelken, Zimt, Pfeffer und Orangenschale und -saft in einem Topf auf ein Viertel der Flüssigkeit einkochen. Die Stärke mit 2 EL kaltem Wasser verrühren und unter die Jus rühren. Die Jus durch ein Sieb passieren und zurück in den Topf gießen. Die Apfelwürfel in einer heißen Pfanne ohne Fett anbraten. Die Maronen grob hacken, mit den Apfelwürfeln unter die Gewürzjus rühren und mit Salz abschmecken.

4 Die Schwarzwurzeln unter fließendem kaltem Wasser gründlich abbürsten und schälen (dabei am besten Einmalhandschuhe tragen). Die Schwarzwurzeln in etwa 5 cm lange Stücke schneiden, diese der Länge nach vierteln und im restlichen Öl anbraten. Mit etwas Zitronensaft, Salz und Pfeffer würzen. Die Petersilie kurz vor dem Servieren über die Schwarzwurzeln streuen.

5 Die Butter in einer Pfanne zerlassen und den Zucker darin mit etwas Salz karamellisieren. Die Panettonewürfel im Karamell kurz rösten. Die Schwarzwurzeln auf Tellern anrichten. Die Entenbrüste in Scheiben schneiden, mit Salz würzen und auf die Schwarzwurzeln legen. Die Sauce angießen und die Panettonewürfel dazu servieren.

Gebratene Entenbrust mit Selleriepüree

Für 4 Personen
4 Entenbrustfilets (à ca. 200 g)
2 EL Öl
1 Knollensellerie (ca. 700 g)
1 Zwiebel
300 ml Apfelsaft
50 g Walnusskerne
2 EL Schmand
Salz und Pfeffer aus der Mühle
etwas frisch geriebene Muskatnuss
2 Äpfel
250 g Pflaumen
1 EL Honig
3–4 EL Calvados oder Weinbrand
2–3 TL Rotweinessig
1 EL Olivenöl zum Beträufeln

1 Den Backofen auf 100 °C vorheizen. Ein Ofengitter auf die mittlere Schiene und darunter ein Abtropfblech schieben. Die Entenbrustfilets waschen, trocken tupfen, von Sehnen befreien und, falls nötig, verbliebene Federkiele mit einer Pinzette herausziehen. Die Hautseite bzw. die Fettschicht im Abstand von ½ bis 1 cm mehrmals schräg parallel einschneiden. Dabei darauf achten, dass die Fettschicht auch an den Rändern gut eingeschnitten ist.

2 In einer Pfanne 1 EL Öl erhitzen und die Entenbrüste darin auf der Fettseite bei mittlerer Hitze 4 bis 5 Minuten kross anbraten. Kurz wenden, aus der Pfanne nehmen, nebeneinander mit der Fettschicht nach oben auf das Ofengitter legen und im Ofen etwa 20 Minuten rosa garen.

3 Den Sellerie putzen, schälen und in etwa 1 cm große Würfel schneiden. Die Zwiebel schälen und in feine Würfel schneiden. In einem Topf 1 EL Öl erhitzen und die Zwiebel darin andünsten. Den Sellerie hinzufügen und kurz mitdünsten. Den Apfelsaft angießen und alles zugedeckt bei schwacher Hitze 20 bis 30 Minuten weich garen.

4 Die Walnüsse in einer Pfanne ohne Fett anrösten. Den Sellerie mit der Garflüssigkeit und dem Schmand in eine Schüssel geben und mit dem Stabmixer cremig pürieren. Mit Salz, Pfeffer und Muskatnuss würzen und die Walnüsse unterrühren.

5 Die Äpfel waschen, vierteln, entkernen und in grobe Würfel schneiden. Pflaumen waschen, halbieren und entsteinen. Äpfel, Pflaumen, Honig und etwas Wasser in einen Topf geben und 5 bis 10 Minuten weich garen. Durch die „Flotte Lotte" drehen oder durch ein grobes Sieb streichen. Die Sauce zurück in den Topf geben. Calvados und Essig unterrühren und mit Salz würzen. Kurz vor dem Servieren nochmals aufkochen.

6 Die Entenbrustfilets aus dem Ofen nehmen und schräg in Scheiben schneiden. Mit Salz und Pfeffer würzen und mit etwas Olivenöl beträufeln. Das Selleriepüree auf Tellern anrichten, die Entenbrustscheiben darauflegen und die Pflaumensauce darum herumträufeln.

Ofen-Kabeljau im Päckchen

Für 4 Personen

1 große Aubergine (ca. 400 g)
500 g grüner Spargel
2 gelbe Paprikaschoten
500 g Cocktailtomaten
3 EL Olivenöl
4 Knoblauchzehen
200 ml Bio-Gemüsebrühe
4 EL Zitronensaft
Salz und Pfeffer aus der Mühle
Honig
8 Stücke TK-Kabeljaufilet (à 100 g)
4 EL gehackte Kräuter (gemischt, z. B. Petersilie, Kerbel, Dill)

1 Den Backofen samt Blech (auf der mittleren Schiene) auf 200 °C vorheizen. Die Aubergine putzen, waschen, längs vierteln und in Scheiben schneiden. Den Spargel putzen und waschen, im unteren Drittel schälen und in mundgerechte Stücke schneiden. Die Paprika längs halbieren, entkernen, waschen und in Würfel schneiden. Die Tomaten waschen.

2 In einer Pfanne 2 EL Olivenöl erhitzen, die Aubergine darin 6 bis 7 Minuten anbraten. Spargel, Paprika und Tomaten 4 Minuten mitbraten. Knoblauch schälen und dazupressen. Brühe und Zitronensaft dazugeben, die Flüssigkeit einkochen lassen. Das Gemüse mit Salz, Pfeffer und etwas Honig abschmecken.

3 Das Gemüse auf vier Streifen Backpapier verteilen, je 2 Stücke Kabeljau darauflegen. Mit Salz und Pfeffer würzen, mit dem restlichen Olivenöl beträufeln und mit je 1 EL Kräuter bestreuen.

4 Das Papier der Länge nach über der Füllung zusammenfalten, die äußeren Enden zusammendrehen. Die Päckchen auf das heiße Blech legen und im Ofen 30 Minuten garen. Direkt auf Teller verteilen und erst bei Tisch öffnen.

— Beim Garen im Päckchen kommt man fast ohne Fett aus und das zarte Fischfleisch gart im Dampf des eigenen Safts. Das macht den Fisch aromatisch, ohne dass er austrocknet.

Fisch mit Mandelkruste und Mangoldgemüse

Für 4 Personen
100 g gehackte Mandeln
700 g Seelachsfilet (aus dem Mittelstück)
Salz und Pfeffer aus der Mühle
4 EL mittelscharfer Senf
4 EL Olivenöl
1 EL Butter
2 rote Zwiebeln
1 kg Mangold
100 g getrocknete Tomaten (in Öl)
100 ml Gemüsebrühe
2 EL Schmand

1 Den Backofen auf 200 °C vorheizen. Die Mandeln in einen tiefen Teller geben. Das Fischfilet waschen, trocken tupfen und in etwa 3 cm breite Streifen schneiden. Mit Salz und Pfeffer würzen, rundum mit Senf bestreichen und in den Mandeln wenden.

2 Den Fisch in eine ofenfeste Form legen. 1 EL Olivenöl mit der Butter erhitzen und über den Fisch träufeln. Den Fisch im Ofen auf der mittleren Schiene 15 bis 18 Minuten garen. Aus dem Ofen nehmen und warm halten.

3 Inzwischen die Zwiebeln schälen und in feine Würfel schneiden. Den Mangold putzen, waschen, die Stiele keilförmig aus den Blättern schneiden und quer in ½ cm dicke Streifen schneiden. Die Blätter ebenfalls quer in Streifen schneiden. Die Tomaten in einem Sieb abtropfen lassen, dabei das Öl auffangen, und in feine Streifen schneiden.

4 Das übrige Olivenöl und das Tomateneinlegeöl in einem Topf erhitzen und die Zwiebeln darin etwa 2 Minuten andünsten. Die Mangoldstiele dazugeben und weitere 2 Minuten dünsten. Die Brühe dazugießen und das Gemüse zugedeckt bei schwacher Hitze etwa 3 Minuten dünsten.

5 Mangoldblätter, Tomaten und Schmand unterheben und zugedeckt 5 Minuten dünsten, mit Salz und Pfeffer würzen. Den Fisch mit dem Mangoldgemüse servieren.

— Statt mit Mangold können Sie das Gericht auch mit frischem oder tiefgekühltem und aufgetautem Blattspinat zubereiten.

Gedämpftes Lachsfilet mit Balsamico-Tomaten

Für 4 Personen
4 Stücke Lachsfilets (à ca. 150 g)
Salz und Pfeffer aus der Mühle
4 Bio-Zitronenscheiben
4 Stiele Estragon
600 g bunte Cocktailtomaten
2 kleine Zweige Rosmarin
4 Stiele Thymian
150 g Rucola
2 kleine Zwiebeln
2 Knoblauchzehen
3 EL Olivenöl
2 EL Aceto balsamico

1 Die Lachsfilets waschen, trocken tupfen und mit Salz und Pfeffer würzen. Die Zitronenscheiben in einen Dämpfeinsatz legen und die Lachsstücke daraufsetzen. Den Estragon waschen und trocken tupfen, die Blätter abzupfen, fein hacken und über den Lachs streuen.

2 Einen passenden Topf 2 bis 3 cm hoch mit Salzwasser füllen, den Dämpfeinsatz daraufsetzen und mit dem passenden Deckel verschließen. Das Wasser aufkochen und, sobald Dampf aufsteigt, den Lachs bei mittlerer Hitze 8 bis 10 Minuten dämpfen.

3 Inzwischen die Tomaten waschen und halbieren. Rosmarin und Thymian waschen und trocken tupfen. Rucola verlesen, waschen und trocken schütteln, dabei grobe Stiele entfernen, die Blätter grob hacken. Zwiebeln und Knoblauch schälen und in feine Würfel schneiden.

4 Das Öl in einer Pfanne erhitzen und Zwiebeln und Knoblauch darin andünsten. Tomaten, Rosmarin, Thymian und Essig dazugeben und alles zugedeckt etwa 5 Minuten dünsten. Dann Thymian und Rosmarin wieder entfernen und den Rucola unterheben. Mit Salz und Pfeffer würzen. Das Tomatengemüse mit dem gedämpften Lachs servieren.

Gemüsequiche mit Feta

Für 4 Personen

5 Filo- oder Yufkateigblätter (125 g; 30 × 30 cm; aus dem türkischen Lebensmittelgeschäft)
2 EL Olivenöl
300 g Süßkartoffel
½ rote Paprikaschote
150 g Zucchini
½ rote Zwiebel
50 g schwarze Oliven (ohne Stein)
2 TL Bärlauchpesto
1 EL Balsamico bianco
Salz und Pfeffer aus der Mühle
150 g Feta (Schafskäse)
3 Eier (Größe L)
125 ml Milch

1 Die Filoteigblätter dünn mit 1 EL Olivenöl bestreichen und übereinanderlegen. Dann eine Springform (28 cm Ø) damit auslegen und die überstehenden Teigspitzen mit einer Schere abschneiden.

2 Für die Füllung die Süßkartoffel schälen, die Paprikaschote entkernen, waschen und beides klein schneiden. Die Zucchini putzen, waschen, längs halbieren und in dicke Scheiben schneiden. Die Zwiebel schälen und in grobe Würfel schneiden.

3 Den Backofen auf 200 °C vorheizen. Das restliche Olivenöl erhitzen, das Gemüse darin 6 bis 8 Minuten rundum anbraten. Die Oliven dazugeben, das Bärlauchpesto und den Essig unterrühren, mit Salz und Pfeffer abschmecken. Den Feta zerbröckeln und auf den Teig streuen. Die Gemüsemischung gleichmäßig darauf verteilen.

4 Für den Guss Eier und Milch verquirlen, mit Salz und Pfeffer würzen und über das Gemüse gießen. Den überstehenden Teig nach innen klappen. Die Quiche im heißen Ofen auf der mittleren Schiene 35 bis 40 Minuten backen, bis der Guss gestockt und die Oberfläche leicht gebräunt ist.

5 Die Quiche aus dem Ofen nehmen und vorsichtig aus der Form lösen. In Stücke schneiden und einen grünen Salat dazu servieren. Oder über Nacht kühl stellen und am nächsten Tag aufwärmen.

— Beim Gemüse kann man nach Jahreszeit, Lust und Laune variieren, zum Beispiel mal mit Spargel, mit Pfifferlingen und mit einer grünen Version aus Erbsen, Brokkoli und/oder Spinat.

Frühlingsgemüsegratin mit Knusperkernen

Für 4 Personen
400 g Kohlrabi
300 g Möhren
4 Frühlingszwiebeln
200 g Erbsen (tiefgekühlt)
2 kleine Zwiebeln
Butter für die Form
1 EL Butter
2 EL Dinkelmehl (Type 1050)
300 ml Gemüsebrühe
300 g Crème légère
Salz und Pfeffer aus der Mühle
1 TL abgeriebene Bio-Zitronenschale
2 EL Kürbiskerne
100 g geriebener alter Gouda
4 EL gemahlene Mandeln

1 Kohlrabi und Möhren putzen, schälen und in 1 bis 2 cm große Würfel schneiden. Die Frühlingszwiebeln putzen, waschen und in feine Ringe schneiden. Die Erbsen antauen lassen. Die Zwiebeln schälen und in sehr feine Würfel schneiden.

2 Eine große Auflaufform (ca. 18 × 28 cm) oder vier flache ofenfeste Portionsformen (à ca. 400 ml) einfetten. Den Backofen auf 200 °C vorheizen.

3 Die Butter erhitzen, die Zwiebeln darin glasig dünsten. Kohlrabi, Möhren, Frühlingszwiebeln und Erbsen dazugeben und unter Wenden 2 bis 3 Minuten andünsten. Mit dem Dinkelmehl bestäuben und unter Rühren 1 bis 2 Minuten anschwitzen.

4 Mit der Brühe ablöschen und aufkochen lassen. Crème légère unterrühren und alles bei kleiner Hitze etwa 5 Minuten köcheln lassen. Mit Salz, Pfeffer und Zitronenschale abschmecken. Gemüse-Mix in die Auflaufform oder in die Portionsförmchen füllen.

5 Die Kürbiskerne hacken, mit Käse und Mandeln mischen und über den Auflauf streuen. Im Ofen auf der mittleren Schiene etwa 25 Minuten knusprig backen. Dazu schmeckt ein bunter Blattsalat. Nach Belieben mit Petersilie bestreut servieren.

— Statt mit Frühlingsgemüse können Sie den Gratin auch mit Wintergemüse wie Pastinaken, Steckrüben, Rote Bete, Kartoffeln und/oder Kürbis zubereiten. Ihrer Fantasie sind keine Grenzen gesetzt.

Wintergemüseeintopf mit Graupen

Für 4 Personen
2 Zwiebeln
2 Möhren
2 Petersilienwurzeln
120 g Graupen
(Rollgerste oder Perlgraupen)
400 g Rosenkohl
4 EL nicht natives Olivenöl
1 EL Tomatenmark
400 g stückige Tomaten
(aus der Dose)
600 ml Gemüsebrühe
4 Stiele Majoran
200 g weiße Bohnen (aus der Dose)
Salz und Pfeffer aus der Mühle

1 Die Zwiebeln schälen und in feine Würfel schneiden. Die Möhren und die Petersilienwurzeln putzen, schälen und in etwa 1 cm große Würfel schneiden. Die Graupen in einem Sieb abbrausen und abtropfen lassen. Den Rosenkohl putzen und die äußeren Blätter entfernen. Den Rosenkohl waschen und halbieren.

2 Das Öl in einem Topf erhitzen und die Zwiebeln darin bei mittlerer Hitze andünsten. Möhren und Petersilienwurzeln dazugeben und 2 bis 3 Minuten andünsten.

3 Die Graupen hinzufügen und kurz mitdünsten. Tomatenmark, Tomatenstücke, Brühe und Rosenkohl dazugeben, alles aufkochen und den Schaum abschöpfen. Den Gemüsetopf mit geschlossenem Deckel bei schwacher Hitze 15 bis 20 Minuten köcheln lassen.

4 Inzwischen den Majoran waschen, trocken schütteln, die Blätter abzupfen und fein hacken. Zwei Drittel des Majorans kurz vor Ende der Garzeit zur Suppe geben.

5 Die Bohnen in einem Sieb abbrausen und abtropfen lassen, dann ebenfalls im Eintopf kurz erwärmen. Den Gemüseeintopf mit Salz und Pfeffer abschmecken und mit dem übrigen Majoran bestreut servieren.

Auberginenauflauf mit Mozzarella

Für 4 Personen
750 g Auberginen
1 Zwiebel
1 Knoblauchzehe
2–3 Stiele Basilikum
2 EL Olivenöl
1 Dose geschälte Tomaten (ca. 400 g)
Salz und Pfeffer aus der Mühle
etwas getrockneter Oregano
200 g Mozzarella
50 g geriebener Parmesan
Öl für die Form

1 Den Backofen auf 220 °C vorheizen. Ein Backblech mit Backpapier belegen. Die Auberginen putzen und waschen, trocken tupfen und quer in fingerbreite Scheiben schneiden. Auf das Blech legen und im Ofen auf der mittleren Schiene auf beiden Seiten 5 bis 7 Minuten grillen. Sobald die Auberginen Farbe angenommen haben, sind sie gar – dann sofort herausnehmen. Den Ofen nicht ausschalten.

2 Inzwischen Zwiebel und Knoblauch schälen, die Zwiebel in Ringe, den Knoblauch in feine Würfel schneiden. Das Basilikum waschen und trocken schütteln, die Blätter abzupfen und in Streifen schneiden.

3 Das Öl in einer Pfanne erhitzen und Zwiebel und Knoblauch darin andünsten. Die Dosentomaten samt Saft dazugeben, die Tomatensauce mit Salz, Pfeffer, Oregano und Basilikum würzen und offen bei schwacher Hitze 8 bis 10 Minuten einkochen.

4 Den Mozzarella in dünne Scheiben schneiden. Eine Auflaufform dünn einfetten, 2 EL Tomatensauce hineingeben und mit 1 Schicht Auberginen bedecken. Darauf in dieser Reihenfolge jeweils 2 bis 3 EL Tomatensauce, Mozzarella und 2 EL Parmesan schichten, bis alle Zutaten aufgebraucht sind, dabei mit Mozzarella und Parmesan abschließen.

5 Den Auflauf im Ofen auf der mittleren Schiene 15 bis 20 Minuten backen. Herausnehmen und servieren. Nach Belieben mit frischem Basilikum garnieren.

Spinatrisotto mit Grillkäse

Für 4 Personen
½ Zwiebel
2 EL Butter
250 g Risottoreis
1 l heiße Gemüsebrühe
200 g Grillkäse
250 g Blattspinat
3 Zweige Thymian
Pfeffer aus der Mühle
50 g geriebener Grana Padano

1 Die Zwiebel schälen und in feine Würfel schneiden. 1 EL Butter in einem Topf zerlassen und die Zwiebelwürfel darin mit dem Reis bei mittlerer Hitze unter Rühren etwa 2 Minuten andünsten. Mit so viel heißer Brühe ablöschen, dass der Reis gut bedeckt ist, und unter häufigem Rühren einköcheln lassen.

2 Den Risotto bei mittlerer Hitze etwa 20 Minuten garen. Dabei immer wieder heiße Brühe angießen und einköcheln lassen, dabei den Reis öfter umrühren. Der Reis sollte bissfest, aber cremig sein.

3 Inzwischen den Grillkäse in grobe Würfel schneiden. Den Spinat waschen, trocken schleudern und klein schneiden. Den Thymian waschen und trocken schütteln, die Blättchen abzupfen und fein hacken. Die übrige Butter in einer beschichteten Pfanne erhitzen und den Grillkäse darin goldbraun anbraten.

4 Spinat und Thymian unter den Risotto rühren, noch etwa 3 Minuten mitköcheln lassen und mit Pfeffer würzen. Den Grana Padano über den Risotto reiben und gut verrühren. Den Risotto in tiefen Tellern anrichten und die gebratenen Käsewürfel darüber verteilen.

— Diesen Risotto kann man statt mit Spinat auch mit Mangold oder seinem asiatischen Verwandten Pak Choi zubereiten. Die Stiele klein schneiden und 2 Minuten vor den Blättern dazugeben.

Gemüsecurry mit Tofu

Für 4 Personen
500 g Brokkoli
400 g Möhren
160 ml gelber Smoothie (Fertigprodukt; aus dem Kühlregal)
2 EL gelbe Currypaste
2 EL Zitronensaft
Salz
2 rote Paprikaschoten
400 g Räuchertofu
8 Frühlingszwiebeln
2 EL Öl
100 g Cashewkerne
Pfeffer aus der Mühle
4 EL Naturjoghurt
4 EL Granatapfelkerne
4 EL Kokoschips

1 Den Brokkoli in Röschen teilen, waschen und abtropfen lassen. Die Möhren putzen, schälen und in Scheiben schneiden. Brokkoli und Möhren in einem Topf mit Dämpfeinsatz über kochendem Wasser etwa 4 Minuten bissfest dämpfen. Danach in ein Sieb abgießen, kalt abschrecken und abtropfen lassen.

2 Für die Sauce Smoothie, Currypaste und Zitronensaft verrühren, mit Salz würzen. Die Paprikaschoten längs halbieren, entkernen, waschen und in mundgerechte Stücke schneiden. Den Tofu würfeln. Die Frühlingszwiebeln putzen, waschen und in Ringe schneiden.

3 Das Öl in einer Pfanne erhitzen und die Paprikastücke darin anbraten. Tofu, Brokkoli, Möhren und Cashewkerne dazugeben und 5 bis 7 Minuten weiterbraten, dabei immer wieder wenden. Die Frühlingszwiebeln kurz mitbraten, dann die Sauce angießen und noch 1 Minute köcheln lassen.

4 Das Gemüsecurry mit Salz und Pfeffer abschmecken und auf tiefe Teller verteilen. Je 1 EL Joghurt daraufgeben, mit den Granatapfelkernen und den Kokoschips bestreuen. Dazu passt Basmati- oder Duftreis.

— Lieber doch mit Fleisch? Dann pro Person etwa 100 g Hähnchenbrust oder Putenschnitzel in Streifen schneiden, scharf anbraten und unter das Curry mischen.

— Nach Belieben die Kokoschips vor dem Bestreuen anrösten oder durch Bananenchips ersetzen.

VORSPEISEN

Ab Seite 4

HAUPTSPEISEN

Ab Seite 40

NACHSPEISEN

EASY MENÜS

Ab Seite 124

REGISTER AB SEITE 148

Nachspeisen

DAS „ZUCKERL“
ZUM SCHLUSS

Avocado-Schoko-Mousse mit Himbeeren

Für 4 Personen
150 g Zartbitterkuvertüre
2 reife Avocados
Saft und Schale von 1 Bio-Limette
150 g Frischkäse
20 g süß eingelegter Ingwer
50 g Puderzucker
200 g Himbeeren
Kakaopulver zum Bestäuben

1 Die Kuvertüre hacken und in einer Metallschüssel über dem heißen Wasserbad unter Rühren schmelzen.

2 Die Avocados halbieren und die Steine entfernen. Die Avocadohälften schälen und das Fruchtfleisch zusammen mit dem Limettensaft und etwas -schale, dem Frischkäse, dem Ingwer und dem Puderzucker zur Schokolade geben. Von dem Ingwer-Einlegesirup 1 TL hinzufügen und alles mit dem Stabmixer fein pürieren. Die Mousse 1 bis 2 Stunden zugedeckt in den Kühlschrank stellen.

3 Die Himbeeren verlesen, waschen und vorsichtig trocken tupfen. Die Avocado-Schoko-Mousse auf Teller verteilen, mit Kakaopulver bestäuben und mit den Himbeeren garnieren.

Stracciatella-Orangen-Mousse

Für 4 Personen
2 Orangen
2 Blatt Gelatine
100 ml Milch
200 g Sahne
2 EL Zucker
1 Msp. abgeriebene Bio-Orangenschale
40 g Zartbitterschokoladenspäne

1 Die Orangen so schälen, dass auch die weiße Haut mit entfernt wird. Die Fruchtfilets aus den Trennhäuten herausschneiden und auf Dessertgläser verteilen.

2 Die Gelatine in kaltem Wasser einweichen. Milch, 50 g Sahne, Zucker und Orangenschale aufkochen, durch ein Sieb gießen. Gelatine ausdrücken und in der Milch auflösen, bis zum Gelierstart abkühlen lassen – am besten etwa 10 Minuten auf Eiswasser.

3 Inzwischen die restliche Sahne halb steif schlagen, mit Schokospänen unter die Creme heben und auf den Orangen verteilen.

— Jede Mousse lässt sich bereits am Vorabend zubereiten und im Kühlschrank aufbewahren. Erst kurz vor dem Servieren mit Obst und/oder Gebäck in Gläser schichten.

Buttermilch-Panna-cotta mit Mango

Für 4 Personen
6 Blatt weiße Gelatine
1 Vanilleschote
125 g Sahne
40 g Rohrohrzucker
400 ml Buttermilch
1 kleine reife Mango (ca. 300 g)
2 EL Limettensaft
¼ TL Zimtpulver
2 Stiele Minze

1 Die Gelatine in kaltem Wasser einweichen. Die Vanilleschote längs aufschneiden und das Mark herauskratzen. Die Sahne mit Zucker, Vanillemark und -schote in einem Topf unter Rühren einmal aufkochen, dann bei schwacher Hitze etwa 5 Minuten ziehen lassen. Vom Herd nehmen und die Vanilleschote entfernen.

2 Die Gelatine ausdrücken und in der heißen Vanillesahne auflösen, die Buttermilch unterrühren. Die Mischung in 4 Gläser oder kleine Dessertförmchen (à ca. 150 ml) verteilen und im Kühlschrank mindestens 4 Stunden abkühlen lassen.

3 Zum Servieren die Mango schälen und das Fruchtfleisch auf den flachen Seiten vom Stein schneiden. Ein Drittel des Mangofruchtfleischs in kleine Würfel schneiden und beiseitelegen.

4 Das restliche Mangofruchtfleisch grob zerkleinern und mit Limettensaft und Zimt in einem hohen Rührbecher fein pürieren. Die Mangowürfel unterheben. Die Minze waschen, trocken tupfen und die Blätter abzupfen. Das Mangopüree auf den Gläsern verteilen und mit Minze garnieren.

— Füre Veganer ersetzen Sie die Buttermilch durch Soja-Drink mit Vanille und die Sahne durch Soja-Kochcreme. Statt mit Gelatine kann die Pannacotta dann mit 4 g Agar-Agar nach Packungsanweisung gebunden werden.

Tiramisu mit Beeren

Für 4–6 Personen
120 ml starker heißer Kaffee
1 TL Kakaopulver
15 Dinkellöffelbiskuits (ca. 150 g)
je 300 g Himbeeren und Erdbeeren
2 ½ EL flüssiger Honig
250 g Naturjoghurt (3,5 % Fett)
250 g Ricotta
Mark von ½ Vanilleschote
3 TL gehackte Pistazien

1 Den heißen Kaffee mit dem Kakaopulver so lange verrühren, bis sich das Pulver vollständig aufgelöst hat. Abkühlen lassen. Die Löffelbiskuits dicht an dicht in eine rechteckige Form (etwa 15 × 22 cm) legen, dabei eventuell die Länge der Löffelbiskuits anpassen. Den Kaffee mit einem Teelöffel über die Löffelbiskuits träufeln.

2 Die Himbeeren verlesen, waschen und vorsichtig trocken tupfen. Die Erdbeeren waschen, putzen und je nach Größe halbieren oder vierteln. 25 g Himbeeren und 50 g Erdbeeren in einen hohen Rührbecher geben und mit 1 TL Honig mit dem Stabmixer fein pürieren. Das Püree nach Belieben durch ein Sieb streichen, um die kleinen Kerne zu entfernen, dann beiseitestellen.

3 Die restlichen Beeren auf den Löffelbiskuits verteilen. Joghurt, Ricotta, übrigen Honig und Vanille glatt rühren. Die Creme in Wellenform über den Beeren verteilen und die Tiramisu im Kühlschrank zugedeckt etwa 30 Minuten durchziehen lassen.

4 Zum Servieren das Tiramisu mit dem Beerenpüree beträufeln und mit den Pistazien bestreuen.

— Für eine Mango-Tiramisu 2 Mangos schälen und das Fruchtfleisch grob würfeln. 75 g Mangofruchtfleisch mit 1 TL Honig und 1 Spritzer Zitronensaft in einem hohen Rührbecher mit dem Stabmixer pürieren. Die übrigen Mangowürfel anstelle der Beeren auf den Löffelbiskuits verteilen. Zum Servieren das Tiramisu mit dem Mangopüree beträufeln und mit gerösteten Kokoschips statt Pistazien bestreuen.

Marzipanquark mit Früchten

Für 4 Personen
100 g Marzipanrohmasse
2–3 EL Milch
500 g Speisequark (20 % Fett)
1 Päckchen Vanillezucker
250 g helle oder dunkle Weintrauben
250 g Pflaumen
1 Apfel
4 TL Zitronensaft
2 EL geröstete Mandelblättchen oder -stifte

1 Die Marzipanrohmasse grob reiben und mit der Milch glatt rühren. Den Quark und den Vanillezucker dazugeben und alles mit dem Schneebesen zu einer glatten Creme verrühren. Den Marzipanquark auf vier Schälchen verteilen.

2 Die Weintrauben waschen, trocken tupfen, abzupfen, halbieren und nach Belieben entkernen. Die Pflaumen waschen, trocken tupfen, entsteinen und vierteln.

3 Den Apfel waschen, vierteln, schälen und das Kerngehäuse entfernen. Die Viertel quer in feine Scheiben schneiden. Sofort mit dem Zitronensaft mischen und die anderen Früchte unterrühren.

4 Die Früchte auf dem Marzipanquark verteilen. Mit den gerösteten Mandeln bestreuen und servieren.

— Besonders fein wird der Quark, wenn Sie die Marzipanrohmasse statt mit Milch mit 2 bis 3 EL Amaretto (ital. Mandellikör) verrühren.

Safran-Kardamom-Creme mit Granatapfelkernen

Für 4 Personen
600 g Magerquark
150 g Sahne
60 g Zucker
2 EL Rosenwasser
1 TL Kardamompulver
1 Döschen Safranpulver (0,1 g)
1 kleiner Granatapfel
50 g gehackte Mandeln
2 EL gehackte Pistazien

1 Den Quark in einem Sieb gut abtropfen lassen. Die Sahne steif schlagen und dabei langsam den Zucker einrieseln lassen.

2 Den abgetropften Quark in einer Schüssel mit dem Rosenwasser, dem Kardamom und dem Safran verrühren und zuletzt die Sahne unterheben. Die Creme nach Belieben in eine Schale geben oder in Schälchen verteilen und im Kühlschrank 30 bis 40 Minuten ziehen lassen.

3 Inzwischen den Granatapfel halbieren und die Kerne herauslösen, dabei die Kerne von eventuellen Hautresten befreien.

4 Die Mandeln in einer beschichteten Pfanne ohne Fett hell rösten und mit den Pistazien mischen.

5 Die Safran-Kardamom-Creme aus dem Kühlschrank nehmen und mit den Granatapfelkernen sowie der Mandel-Pistazien-Mischung bestreut servieren.

Himbeer-Blitzeis mit Kokosmilch und Basilikum

Für 4 Personen
2 Bio-Orangen
2 Bio-Zitronen
2 Stiele Basilikum
¼ Vanilleschote
400 g Himbeeren (tiefgekühlt)
600 ml Kokosmilch
2 EL Agavendicksaft

1 Jeweils 1 Orange und Zitrone heiß waschen, trocken reiben und die Schale fein abreiben. Sämtliche Zitrusfrüchte halbieren und den Saft auspressen. Das Basilikum waschen, trocken schütteln und die Blätter abzupfen. Die Vanilleschote mit einem scharfen Messer längs einritzen und das Mark herauskratzen.

2 Die gefrorenen Himbeeren, 200 ml Kokosmilch, die Hälfte des Orangen- und Zitronensafts, das Vanillemark, 4 Basilikumblätter und 1 EL Agavendicksaft in einem Mixer fein pürieren (siehe Tipp).

3 Restliche Kokosmilch, Orangen- und Zitronenschale sowie den restlichen Agavendicksaft und den übrigen Zitronen- und Orangensaft in einen hohen Rührbecher geben und mit dem Stabmixer schaumig aufmixen.

4 Den Schaum auf kleine Schälchen verteilen, jeweils eine Kugel oder Nocke Himbeer-Blitzeis dazugeben und mit Basilikumblättern garniert servieren.

— Je nach Leistungsfähigkeit des Mixers empfiehlt es sich, das Sorbet in mehreren Portionen zuzubereiten.

Geeiste Erdbeeren mit Mandelmilch und Kefir

Für 4 Personen
Für die Erdbeeren:
400 g Erdbeeren (tiefgekühlt)
200 ml Mandelmilch
1 EL Mandelmus
3–4 TL Apfelsüße
1 Spritzer Zitronensaft

Für den Kefir:
400 g Kefir
Mark von 1 Vanilleschote
4 EL Apfelsüße
Saft von 1 Zitrone
200 g blanchierte Mandeln
12 Blätter Sauerampfer

1 Die gefrorenen Erdbeeren mit Mandelmilch, Mandelmus, Apfelsüße und Zitronensaft im Standmixer mixen, bis die Masse eine cremige Konsistenz hat. In eine Frischhaltedose umfüllen und kurz ins Tiefkühlfach stellen.

2 Den Kefir mit Vanillemark, Apfelsüße und Zitronensaft ebenfalls durchmixen. Umfüllen und ebenfalls ins Tiefkühlfach stellen.

3 Den Backofen auf 160 °C Umluft (180 °C Ober-/Unterhitze) vorheizen. Die Mandeln hacken, auf einem mit Backpapier belegten Backblech verteilen und im vorgeheizten Ofen auf der mittleren Schiene 5 bis 10 Minuten rösten. Herausnehmen und abkühlen lassen. Den Sauerampfer waschen und trocken tupfen.

4 Die geeisten Erdbeeren mit dem angefrorenen Kefir in Dessertgläser schichten, mit den Mandeln bestreuen und nach Belieben mit dem Sauerampfer garniert servieren.

— Dieses Dessert tritt den Beweis an, dass Sauerampfer mit seiner feinen Säure auch in Süßspeisen eine gute Figur macht. Außerhalb der Saison kann man ihn einfach durch Zitronenmelisse ersetzen.

AUS DER EISMASCHINE

Eis ist ein echter Dessertklassiker und mit der Eismaschine ruckzuck gemacht. Vorteil des Geräts ist, dass auch weniger fetthaltige Mischungen locker und cremig gelingen – anders als im Tiefkühlfach. Wenn frisches Ei verwendet wird, das Eis bitte zügig verbrauchen und eventuelle Reste entsorgen.

Limettensorbet mit Tofu

Turbo-Desserts

AUS DEM FÖRMCHEN

Jedem sein ganz persönliches Dessert ... Ob das nun ein gestürzter Pudding oder eine Panna cotta ist, ein kleines knuspriges Tartelette oder ein saftiger Kuchen aus dem Glas – meist lassen sie sich bestens vorbereiten, brauchen nicht lange im Ofen und verschönern fantasievoll verziert die Tafel. Eben so, wie es sich für den krönenden Abschluss eines Menüs gehört!

Schoko-Flammeri mit Mandeln

Rhabarbergrütze mit Erdbeeren

AUS DEM TOPF

Was nicht alles an süßem Dessert aus dem Topf kommen kann: Früchtekompott, Mehlspeisen, Cremes und Gelees in einer variantenreichen Aromenvielfalt. Das Dessert sollte pflichtgemäß die Speisenfolge ernährungstechnisch ergänzen: zu einem eiweißarmen Menü passt eine Quarkspeise, eine Obstnachspeise komplettiert eine eher vitaminschwache Mahlzeit. In der Kür hat der Gastgeber dann noch die Wahl zwischen verschiedenen Konsistenzen, also zum Beispiel ob es lieber eine locker-luftige Creme, stückiger Obstsalat oder ein fester Pudding sein soll. Zuletzt lässt sich die Temperatur in die Überlegung miteinbeziehen: Passt kaltes Eis besser zu den vorherigen Gängen oder eher lauwarmes Obst?

Limettensorbet mit Tofu

Für 4 Personen
1 Bio-Limette
3 EL Vollrohrzucker
300 g Seidentofu
1 Eiweiß
Salz
1 rosa Grapefruit
4 Minzeblätter

1 Die Limette heiß waschen und abtrocknen, die Schale abreiben und den Saft auspressen. Limettenschale und -saft mit Vollrohrzucker und Seidentofu gut verrühren.

2 Das Eiweiß mit 1 Prise Salz steif schlagen und unterheben. Die Masse in der Eismaschine 30 Minuten gefrieren lassen.

3 Die Grapefruit so schälen, dass auch die weiße Haut mit entfernt wird. Die Fruchtfilets zwischen den Trennwänden herausschneiden und dabei den Saft auffangen.

4 Vom Sorbet Kugeln abstechen und mit Grapefruitfilets in Dessertschalen anrichten.

5 Mit dem Grapefruitsaft beträufeln und mit je 1 Minzeblatt garnieren.

»Like ice in the sunshine«

Schoko-Flammeri mit Mandeln

Für 4 Personen
100 g Zartbitterschokolade (mind. 70 % Kakaoanteil)
300 ml Mandeldrink
100 g Sahne
2 EL Mandelmus
2 EL Vollrohrzucker
¼ TL Zimtpulver
1 gestr. TL Agar-Agar-Pulver
12 Physalis

1 Die Zartbitterschokolade grob hacken. Mit ¼ l Mandeldrink, der Sahne, dem Mandelmus, dem Vollrohrzucker und dem Zimtpulver in einem Topf so lange köcheln, bis die Schokolade geschmolzen ist. Dann vom Herd nehmen.

2 Das Agar-Agar-Pulver mit 50 ml Mandeldrink verquirlen und in die Schokomasse rühren. Alles aufkochen und bei schwacher Hitze 2 Minuten köcheln lassen.

3 Die heiße Schokomasse in vier Förmchen (à ca. 150 ml) gießen und 3 Stunden kühl stellen. Die Flammeri zum Servieren auf Teller stürzen und mit je 3 Physalis garnieren.

Rhabarbergrütze mit Erdbeeren

Für 4 Personen
300 g Rhabarber
2 EL Vollrohrzucker
2 Gewürznelken
¼ l Apfelsaft
3 TL Apfelpektin (aus dem Reformhaus)
200 g kleine Erdbeeren
200 g Naturjoghurt (10 % Fett)
½ TL gemahlene Vanille

1 Den Rhabarber putzen, waschen und in 3 cm breite Stücke schneiden. Mit dem Vollrohrzucker, den Gewürznelken, ¼ l Apfelsaft und dem Apfelpektin in einem Topf aufkochen und zugedeckt 3 Minuten köcheln lassen. Vom Herd nehmen.

2 Die Erdbeeren verlesen, waschen und trocken tupfen, halbieren und unter den Rhabarber rühren. Die Grütze 2 Stunden abkühlen lassen.

3 Zum Servieren den Joghurt mit gemahlener Vanille verrühren. Die Grütze auf Schälchen verteilen und mit dem Vanillejoghurt garnieren.

Gegrillte Pfirsiche mit Ahornsirup-Creme

Für 4 Personen

1 kg Pfirsiche (außerhalb der Saison Pfirsiche aus der Dose)
4 EL Akazienhonig
1 TL grobes Meersalz
300 g saure Sahne
2–3 EL Ahornsirup
einige Basilikumblätter

1 Den Backofengrill einschalten und ein Backblech mit Backpapier belegen.

2 Die Pfirsiche waschen, halbieren und entsteinen. Mit den Schnittflächen nach unten auf das Blech legen.

3 Die Pfirsichhälften mit dem Honig beträufeln und mit dem Meersalz bestreuen. Im Ofen etwa 20 Minuten grillen.

4 Inzwischen die saure Sahne mit dem Ahornsirup verrühren. Die Basilikumblätter waschen, trocken tupfen und in feine Streifen schneiden. Unter die Creme rühren.

5 Die gegrillten Pfirsiche jeweils mit einem Klecks Ahornsirup-Creme servieren.

— So kommen auch etwas ältere, etwas zu weiche Pfirsiche auf feine Art und Weise auf den Tisch.

Mohncrêpes mit Himbeer-Quark-Füllung

Für 4 Personen
160 g Dinkelmehl
2 TL Mohnsamen
360 ml fettarme Milch
2 Eier
2 Päckchen Vanillezucker
300 g Himbeeren
300 g Speisequark (20 % Fett)
100 ml Mineralwasser (mit Kohlensäure)
4 EL Agavendicksaft
2 TL Öl

1 Mehl, Mohn, Milch, Eier und Vanillezucker in einer Schüssel mit dem Schneebesen verrühren und etwa 15 Minuten quellen lassen.

2 Inzwischen die Himbeeren verlesen, waschen und trocken tupfen. Den Quark mit dem Mineralwasser in einer Schüssel verrühren und mit Agavendicksaft süßen.

3 Eine beschichtete Pfanne mit Öl bestreichen und erhitzen. Nacheinander jeweils ein Viertel des Teigs in die Pfanne geben, die Pfanne hin und her schwenken, damit sich der Teig gleichmäßig verteilen kann. Jede Crêpe bei schwacher Hitze etwa 2 Minuten backen, anschließend vorsichtig wenden und noch 1 Minute weiterbacken. Die fertigen Crêpes aus der Pfanne nehmen und auf einem Teller warm halten, bis alle gebacken sind.

4 Zum Servieren die Crêpes mit Quark bestreichen und die Hälfte der Himbeeren darauf verteilen. Jede Crêpe locker zu einem Viereck falten und auf einem Teller anrichten. Die restlichen Himbeeren darauf verteilen. Für Extrasüße nach Belieben noch etwas Agavendicksaft über die Crêpes träufeln.

— Mohnsamen findet man, ganz oder gemahlen, in Bioläden oder Reformhäusern bei den Backzutaten. Gemahlene Samen sollte man möglichst rasch aufbrauchen, da sie schnell ranzig werden. Ganze Samen lassen sich gut verschlossen mehrere Monate lagern.

Kirsch-Mandel-Clafoutis

Für 4 Personen

400 g tiefgekühlte entsteinte Sauerkirschen
Butter für die Form
4 Eier
4 EL Vollrohrzucker
80 ml Mandeldrink
1 TL gemahlene Vanille
Salz
1 TL abgeriebene Bio-Zitronenschale
100 g Dinkelvollkornmehl
2 EL Mandelblättchen
Puderzucker zum Bestäuben (nach Belieben)

1 Den Backofen auf 200 °C vorheizen. Die Sauerkirschen antauen lassen. 2 kleine Gratinformen (18 cm Ø) dünn mit Butter einfetten.

2 Die Eier trennen. Die Eiweiße in einem hohen Rührbecher mit den Quirlen des Handrührgeräts steif schlagen, dabei 1 EL Zucker einrieseln lassen. Die Eigelbe mit Mandeldrink, übrigem Zucker, Vanille, 1 Prise Salz und Zitronenschale in einer Schüssel mit den Quirlen des Handrührgeräts dickcremig rühren. Anschließend zuerst das Mehl, dann den Eischnee unter die Eigelbcreme ziehen.

3 Die Masse in die Form geben und glatt streichen. Die Kirschen darauf verteilen und mit den Mandeln bestreuen. Den Clafoutis im Ofen auf der mittleren Schiene etwa 10 Minuten backen.

4 Aus dem Ofen nehmen, kurz abkühlen lassen und sofort servieren. Nach Belieben den Clafoutis mit Puderzucker bestäuben.

— Auflauf oder Kuchen? Der Clafoutis ist beides. Die französische Süßspeise besteht aus Früchten und einem pfannkuchenähnlichen Eierteig. Statt Kirschen kann man – je nach Jahreszeit – auch anderes Obst verwenden, das nicht zu viel Saft abgibt, wie Aprikosen, Brombeeren oder Himbeeren, Zwetschgen oder Mirabellen.

Ricottakuchen aus dem Glas mit Heidelbeeren

Für 4 Gläser à 160 ml

200 g Heidelbeeren (tiefgekühlt)
1 EL Zucker
2 EL Vanillepuddingpulver
2 EL Limettensaft
2 Kardamomkapseln
5 EL Puderzucker
1 EL abgeriebene Bio-Limettenschale
30 g zerlassene Butter
1 EL Weizengrieß
150 g Ricotta
150 g saure Sahne
1 Ei
1 EL Butter

1 Den Backofen auf 180 °C vorheizen. Die Heidelbeeren in einem Topf mit Zucker, 1 EL Vanillepuddingpulver, 1 EL Limettensaft und dem Kardamom aufkochen. Die Mischung in eine Schüssel umfüllen, dabei die Kardamomkapseln wieder entfernen und das Kompott bis zur Verwendung beiseitestellen.

2 Den Puderzucker mit restlichem Limettensaft und -schale, Butter, Grieß, restlichem Vanillepuddingpulver, Ricotta, saure Sahne und Ei mit den Quirlen des Handrührgeräts verrühren.

3 Vier Gläser mit Deckel mit Butter einfetten, die Ricottamasse in die Gläser verteilen und die Gläser verschließen. Die Gläser auf ein tiefes Backblech stellen und so viel Wasser auf das Blech gießen, dass die Gläser bis 3 cm tief im Wasser stehen. Im Ofen auf der mittleren Schiene 25 Minuten garen, bis der Ricottakuchen gestockt hat.

4 Die Ricottakuchen mit dem Heidelbeerkompott anrichten und servieren. Der Kuchen schmeckt sowohl warm als auch kalt.

Grießkuchen mit Honig und Beeren

Für 12 Stücke
125 g Butter
500 g Beeren (z. B. Brombeeren, Blaubeeren und/oder Himbeeren)
1 Bio-Zitrone
5 Eier
Salz
150 g Honig
500 g Ricotta
50 g Hartweizengrieß
2 TL Backpulver

Außerdem:
Butter für die Form
2–3 EL aromatischer Honig zum Beträufeln (z. B. Akazienhonig)

1 Die Butter zerlassen und lauwarm abkühlen lassen. Die Beeren verlesen, waschen und trocken tupfen. Etwa 100 g Beeren zum Garnieren beiseitelegen. Die Zitrone heiß waschen und trocken reiben, die Schale fein abreiben und den Saft auspressen.

2 Den Backofen auf 180 °C vorheizen. Eine Springform (26 cm Ø) mit Butter einfetten. Die Eier trennen und die Eiweiße mit 1 Prise Salz zu steifem Schnee schlagen. Die zerlassene Butter mit dem Honig hellschaumig rühren.

3 Die Eigelbe, Zitronenschale und -saft, Ricotta, Grieß und Backpulver gut mit der Butter-Honig-Mischung verrühren. Den Eischnee und die Beeren unterheben.

4 Die Masse in die vorbereitete Form füllen und den Kuchen im Ofen auf der mittleren Schiene 55 bis 60 Minuten backen, bis die Masse fest ist. Falls er dabei zu stark bräunt, mit Backpapier abdecken.

5 Den Grießkuchen abkühlen lassen und aus der Form lösen. Den Kuchen mit den beiseitegelegten Beeren garnieren, mit dem Honig beträufeln und in Stücke schneiden.

Schoko-Erdbeer-Kuchen

Für 12 Stücke

300 g Zartbitterschokolade
Fett und Mehl für das Blech
6 Eier
250 g weiche Butter
250 g Zucker
4 EL Kakaopulver
100 g Mehl
250 g Mascarpone
300 g Naturjoghurt (10 % Fett)
1 Päckchen Vanillepudding-pulver (ohne Kochen)
250 g Erdbeeren (wer mag, nimmt die doppelte Menge)

1 Die Schokolade grob hacken und in einer Metallschüssel im heißen Wasserbad schmelzen. Den Backofen auf 180 °C vorheizen und ein Backblech einfetten und mit Mehl bestäuben.

2 Die Eier mit der Butter in einer Schüssel schaumig schlagen, den Zucker einrieseln lassen und weiter cremig schlagen. Die flüssige Schokolade, das Kakaopulver sowie das Mehl unter die Eier-Butter-Zucker-Mischung rühren.

3 Den Schokoladenteig auf das Blech geben, glatt streichen und im Ofen etwa 25 Minuten backen. Den Kuchen aus dem Ofen nehmen und abkühlen lassen.

4 Inzwischen den Mascarpone, den Joghurt und das Vanillepuddingpulver verrühren. Die Erdbeeren waschen, putzen und vierteln oder in kleine Stücke schneiden. Die Vanillecreme vorsichtig auf dem abgekühlten Schokokuchen verstreichen und die Erdbeeren auf der Creme verteilen.

Birnen-Mohn-Muffins

Für 12 Stück

Butter oder 12 Papierbackförmchen für das Blech
100 ml Rapskernöl
200 g Buttermilch
1 Ei
250 g Dinkelvollkornmehl
2 EL gemahlener Mohn (aus Bioladen oder Reformhaus)
75 g Vollrohrzucker
2 TL Weinstein-Backpulver (aus Bioladen oder Reformhaus)
½ TL gemahlene Vanille
2 kleine reife Birnen (ca. 250 g)
Puderzucker zum Bestäuben

1 Den Backofen auf 180 °C vorheizen. Die Mulden eines 12er-Muffinblechs mit Butter einfetten oder mit Papierbackförmchen auslegen.

2 Das Öl mit Buttermilch und Ei gründlich verrühren. Mehl, Mohn, Zucker, Backpulver und Vanille in einer Schüssel mischen. Die Birnen vierteln und schälen, entkernen und in kleine Würfel schneiden. Die Birnenwürfel in 1 EL Mehlmischung wenden.

3 Die Buttermilchmischung und die übrige Mehlmischung sowie die Birnenwürfel mit dem Kochlöffel kurz verrühren. (Auf keinen Fall zu lange rühren, sonst werden die Muffins klebrig!) Den Teig in die Mulden verteilen und die Muffins im Ofen auf der mittleren Schiene etwa 20 Minuten backen.

4 Die Muffins aus dem Ofen nehmen und 5 Minuten in der Form abkühlen lassen, dann herauslösen und auf dem Kuchengitter vollständig abkühlen lassen. Zum Servieren mit Puderzucker bestäuben.

— Im Muffinteig stecken reife Birnen, die für Süße sorgen – so lässt sich ganz einfach Zucker einsparen. Wer mag, kann die Hälfte der Birnen durch 60 g Rosinen ersetzen.

— Oder die Muffins zusätzlich mit einem der köstlichen Frostings oder Toppings von Seite 121/122 versehen.

The best on top!

FROSTINGS

Ohne sind Muffins und Cupcakes nur halb so lecker! Am besten die Masse in einen Spritzbeutel mit Sterntülle füllen und dann das Gebäck verzieren.

ZITRONE PUR!

Lemon Curd ist weit mehr als ein englischer Brotaufstrich. Man kann ihn auch 2:1 mit Schlagsahne gemischt als fixen Belag für kleine Tartelettеböden verwenden oder mit Quark oder Joghurt zu einer Zitronen-Blitzcreme verrühren.

DER KLASSIKER

Die Schokoladen-Buttercreme ist für alle Schokoholics ein absolutes Muss. Sie schmeckt super zu Muffins, Waffeln oder Crêpes und natürlich als Füllcreme einer mehrlagigen Biskuittorte.

Erdbeer-Frosting

Für 1 Kuchen bzw. 12 Muffins
150 g Erdbeeren
400 g Puderzucker
200 g weiche Butter
Salz

1 Die Erdbeeren waschen, putzen, trocken tupfen und klein schneiden. Mit dem Stabmixer fein pürieren und durch ein Sieb streichen. Das Erdbeerpüree in einem Topf aufkochen und bei mittlerer Hitze etwa 10 Minuten auf die Hälfte einköcheln lassen, dabei immer wieder umrühren. Vom Herd nehmen und abkühlen lassen.

2 Den Puderzucker sieben. Die weiche Butter mit 1 Prise Salz in einer Rührschüssel mit den Quirlen des Handrührgeräts schaumig schlagen.

3 Ein Viertel des Puderzuckers unterschlagen, dann ein Viertel des Erdbeerpürees unterrühren. So fortfahren, bis alle Zutaten aufgebraucht sind und eine glatte Creme entstanden ist.

Vanille-Frosting

Für 1 Kuchen bzw. 12 Muffins
400 g Puderzucker
200 g weiche Butter
2 Päckchen Bourbon-Vanillearoma
Salz
2 EL Milch

1 Den Puderzucker sieben. Die weiche Butter mit dem Vanillearoma und 1 Prise Salz in einer Rührschüssel mit den Quirlen des Handrührgeräts schaumig schlagen. Nach und nach den Zucker unterschlagen, bis eine eher trocken wirkende Creme entstanden ist.

2 Nach Belieben ein paar Tropfen Lebensmittelfarbe unterrühren. Die Milch esslöffelweise unterrühren, bis eine glatte Creme entstanden ist.

— Das Frosting ist ein idealer Belag für selbst gebackene oder fertig gekaufte Biskuit- oder Rührteigböden. Danach einfach mit Früchten toppen, beispielsweise mit Beeren oder Physalis, oder mit Schokoflocken oder Krokant bestreuen.

Lemon Curd

Für 1 Glas (ca. 330 ml Inhalt)
1 Bio-Zitrone
100–120 ml Zitronensaft
100 g Rohrohrzucker
100 g weißer Zucker
2 Eier (Größe L)
60 g Butter

1 Die Zitrone heiß waschen und trocken reiben, die Schale abreiben und den Saft auspressen. Den Saft mit dem Zitronensaft auf 150 ml auffüllen.

2 Den Zitronensaft und die -schale in einem Topf mit beiden Zuckersorten, den Eiern und der Butter verrühren und unter Rühren langsam aufkochen. Offen bei schwacher Hitze 4 Minuten köcheln lassen, dabei immer wieder umrühren.

3 Den Topf vom Herd nehmen und den Lemon Curd in ein sauberes Twist-off-Glas füllen. Das Glas verschließen und den Lemon Curd abkühlen lassen.

— 1 bis 2 EL Lemon Curd verleihen auch dem Vanille-Frosting (siehe links) ein zitroniges Aroma.

Schoko-Buttercreme

Für 1 Kuchen oder 12 Muffins
200 g Zartbitterschokolade
100 g Sahne
70 g Puderzucker
250 g weiche Butter
Salz
1 Päckchen Bourbon-Vanillezucker

1 Die Schokolade grob hacken und in eine Metallschüssel geben. Die Sahne in einem Topf aufkochen und über die gehackte Schokolade gießen. Die Schokolade in der Sahne unter Rühren schmelzen. Beiseitestellen und handwarm abkühlen lassen.

2 Den Puderzucker sieben. Die weiche Butter mit 1 Prise Salz in einer Rührschüssel mit den Quirlen des Handrührgeräts schaumig schlagen. Den Puderzucker und den Vanillezucker nach und nach unterrühren und die Mischung cremig schlagen.

3 Die Schokolade nach und nach unterrühren und weiterschlagen, bis eine glänzende Creme entstanden ist. Vor der Weiterverarbeitung 10 Minuten zugedeckt kühl stellen.

Easy Menüs

ZUBEREITUNG

Arbeitszeit: 1½ Std.
Gesamtzeit: 2½ Std.

Weihnachtsmenü

Rote-Bete-Carpaccio
Seite 14

Entenbrust
Seite 65

Orangenmousse
Seite 88

DEKO-VORSCHLAG

Sehr edel wirkt eine dunkelblaue Tischdecke, auf die goldene und silberne Sterne gestreut werden. In einer großen Schale in der Tischmitte farblich passende Kerzen und Weihnachtskugeln dekorieren.

GETRÄNKEEMPFEHLUNG

VORSPEISE
leichter trockener Weiß- oder Roséwein, z.B. Riesling

HAUPTSPEISE
kräftiger Rotwein, z.B. Cabernet Sauvignon oder Zinfandel

NACHSPEISE
erfrischender Weißwein, z.B. Vinho verde

TIPPS ZUM ZEITSPAREN

Rote Bete gibt es bereits geschält und gegart vakuumverpackt im Supermarkt zu kaufen.

PANNENHILFE

Wenn die Gelatine beim Auflösen klumpt, vorsichtig erhitzen und durchsieben.

PERFEKTES TIMING

- [ ] Drei Stunden vorher: Die Roten Beten für die Vorspeise garen und abkühlen lassen. Parallel das Dessert zubereiten und kühl stellen.
- [ ] Zwei Stunden vorher: Für das Hauptgericht die Glühweinjus zubereiten und die Entenbrustfilets vorbereiten.
- [ ] Eine Stunde vorher: die Vorspeise fertigstellen, den Zander erst kurz vor dem Servieren braten.
- [ ] Nach dem Vorspeisengang: das Fleisch garen, die Schwarzwurzeln zubereiten und die Panettonewürfel anrösten.

Ginger-Lemon-Drink mit Gewürzhonig

100 g Waldhonig in einen kleinen Topf geben und 2 EL Wasser, ½ TL Zimtpulver und je 1 Prise Kardamom und Nelkenpulver unterrühren. Den Honig langsam bei schwacher Hitze erwärmen, beiseitestellen und 2 bis 3 Stunden ziehen lassen.

Für den heißen Drink 50 g Ingwerwurzel schälen und in dünne Scheiben schneiden. 2 Bio-Zitronen heiß waschen, trocken reiben und die Schale mit dem Sparschäler spiralförmig am Stück abschälen. Die Zitronen halbieren und den Saft auspressen.

Ingwerscheiben, Zitronensaft und Zitronenschale auf vier große Teegläser verteilen und mit 800 bis 900 ml kochendem Wasser aufgießen.

Jeweils etwas Gewürzhonig an einem langen Löffel entlang in die Gläser laufen lassen und den heißen Drink nach Belieben mit langen Zimtstangen zum Umrühren servieren.

— Dieser Drink heizt mit seiner Ingwerschärfe so richtig schön ein, fördert die Verdauung und ist ein echtes Heilmittel bei einer drohenden Erkältung.

zum Aufwärmen …

— Statt mit Zimt, Kardamom und Nelken lässt sich Honig auch mit einer Vielzahl anderer Kräuter und Gewürze aromatisieren. Besonders gut mit Ingwer und Zitrone harmonieren frischer, fein gehackter Rosmarin und Zitronenthymian. Die Kräuter sollten dann aber vor der Verwendung wieder entfernt werden.

Lust auf rundum schön

Ein Gastgeber ist dann perfekt, wenn er spürt, womit er seinen Gästen etwas Gutes tun kann. Deshalb beschäftigt ihn auch nicht nur die Auswahl der Gerichte, sondern er sorgt für ein stimmungsvolles Ambiente, für inspirierende Tischgespräche und somit für einen Abend, der lange in guter Erinnerung bleibt.

STILVOLL TAFELN

Nicht nur die Tafel selbst macht ein Festessen rund, auch der Raum drum herum spielt eine wichtige Rolle.

Neben dem Tischschmuck ist bequemes Sitzen wichtig, um den Abend genießen zu können: Sitzgelegenheiten sollten eine Möglichkeit zum Anlehnen bieten und die Sitzfläche etwas gepolstert sein.

Eine gut durchdachte Beleuchtung verleiht jedem Anlass die richtige Atmosphäre und schafft mit wenig Aufwand einen stimmungsvollen Rahmen. Während des Essens sollte eine klare Lichtquelle den Teller beleuchten, beim anschließenden gemütlichen Zusammensitzen ist meist indirekteres Licht, zum Beispiel von Kerzen, angenehm.

Sanfte Hintergrundmusik untermalt Gespräche dezent: Die Musikrichtung sollte dem Anlass angepasst werden und die Lautstärke nicht zu hoch sein.

▷ SCHÖN DEKORIERT

Ein liebevoll gedeckter Tisch macht allein schon Spaß und so richtig Lust auf ein festliches Menü.

Besonders stimmungsvoll wird es, wenn man sich von der jeweiligen Jahreszeit inspirieren lässt und z.B. Naturmaterialien verwendet:

- ☐ Grüne Tannenzweige und Moos in der Adventszeit
- ☐ junge Blätter und bunte Blüten im Frühling und Sommer
- ☐ Nüsse, Rinden und bunte Blätter im Herbst

▷ GUT PLATZIERT

Platzkarten erleichtern dem Gast in größerer Runde die Entscheidung, wo er sitzen soll – und ermöglichen es dem Gastgeber, passende Sitzkombinationen zusammenzustellen. Doch auch in kleineren Runden können Platzkarten ein schönes Detail der Dekoration werden. Besonders nett ist es, wenn sie als kleines Geschenk gestaltet am Ende des Essens mitgenommen werden können.

DOPPELT FROH

Wer zu besonderen Anlässen Selbstgemachtes verschenkt, sagt damit: „Für dich habe ich mir etwas ganz Besonderes überlegt.“
Leckeres in der Küche zubereiten, originell verpacken und mit viel Freude überreichen macht damit gleichzeitig den glücklich, der es übergibt!

PERFEKTES TIMING

- [ ] Am Vortag: das Fleisch in Bärlauchöl einlegen, die Bärlauchbutter zubereiten und kühl stellen.
- [ ] Fünf Stunden vorher: die Nachspeise zubereiten und zugedeckt kühl stellen.
- [ ] Eine Stunde vorher: die Vorspeise zubereiten und zugedeckt kühl stellen. Das Gemüse für das Hauptgericht vorbereiten.
- [ ] Nach der Vorspeise: für das Hauptgericht das Gemüse glasieren, die Kartoffelpuffer backen und das Rinderfilet braten.

Osterlamm mit Mandarinen

Den Backofen auf 180 °C vorheizen. Eine Osterlammform (1 l Inhalt) einfetten und mit Mehl bestäuben.

Für den Teig 70 g Marzipan grob hacken und mit 100 g Puderzucker, 120 g weicher Butter und 3 Eiern mit den Quirlen des Handrührgeräts verrühren. 170 g Mehl, 3 EL Schokoraspel und ½ TL Backpulver dazugeben und mit 1 Prise Salz, 1 Msp. Vanillemark und der abgeriebenen Schale von je ½ Bio-Orange und Bio-Zitrone zu einem glatten Teig verrühren.

Eine kleine Dose Mandarinen (125 g Abtropfgewicht) in ein Sieb abgießen und abtropfen lassen. Ein Drittel vom Teig in die Form füllen und die Hälfte der Mandarinen daraufgeben. Wieder ein Drittel Teig einfüllen, die restlichen Mandarinen darauf verteilen und mit dem restlichen Teig abschließen. Das Osterlamm im Ofen auf der mittleren Schiene 35 bis 40 Minuten backen.

Herausnehmen, kurz abkühlen lassen und noch warm aus der Form lösen. Das Osterlamm auf einem Kuchengitter auskühlen lassen.

lecker zum Osterbrunch

— Diejenigen, die kein Marzipan mögen, ersetzen es durch gemahlene Mandeln oder Haselnüsse. Wer das Rezept in der Weihnachtszeit backen will, verwendet am besten eine Engelform.

Ostermenü

Lachs im Glas
Seite 27

Rinderfilet
Seite 52

Buttermilch-Panna-cotta
Seite 91

DEKO-VORSCHLAG

Frühlingsstimmung zaubern viele kleine Töpfe mit bunten Blumen auf den Tisch. Sehr hübsch sind anstelle einer Tischdecke weiße Tortendeckchen aus Papier.

GETRÄNKEEMPFEHLUNG

VORSPEISE
trockener Weißwein, z.B. Weißburgunder

HAUPTSPEISE
leichter Rotwein, z.B. Pinot Noir

NACHSPEISE
Sekt oder Champagner

TIPPS ZUM ZEITSPAREN

Mango gibt es bereits in Stücken aus der Dose.

PANNENHILFE

Wenn das Fleisch zäh bleibt, ein Glas Weinbrand darübergießen.

ZUBEREITUNG

Arbeitszeit: 2 Std.
Marinieren: 12 Std.
Gesamtzeit: 14 Std.

OSTERHASENSERVIETTEN FALTEN

1. Je nach Belieben ungestärkte oder gestärkte und gebügelte Stoffservietten zu Dreiecken falten.

2. Dann die Serviette längs mehrmals einschlagen und zu einem schmalen Streifen falten.

3. Auf ein einfarbig gefärbtes Ei mit einem Stift Punkte aufmalen, alternativ ein typisches Hasengesicht.

4. Die Serviette unten um das Ei herumlegen und über der Spitze mit Bastfäden zubinden.

Ei, Ei, Ei, so schöne Ostern!

Basteln für Ostern macht besonders viel Spaß, denn schließlich ist jetzt alles bunt, frisch und fröhlich. Ostereier mit Glitzereffekt sorgen für das gewisse Etwas, Servietten als Osterhasen getarnt bringen die Gäste zum Schmunzeln und kleine Aufmerksamkeiten sind im originellen Tütchen noch mal so schön!

EIER MIT GOLDGLITZER

Edlen Glitter auf der festlichen Tafel erzielt man mit in schönen Pastellfarben eingefärbten hart gekochten Eiern, auf die man im Handumdrehen eine Metallic-Folie aufträgt – und schon sehen die Eier aus, als wären sie mit Blattgold überzogen.

Eier in einer gewünschten Farbe hart kochen und dabei färben. Die Eier kalt abschrecken und vollständig auskühlen lassen. Dann die Eier dünn mit einem Kleber (Art Deco Anlegemilch) einpinseln, die in Stücke gerissene Goldfolie (Blattgoldimitat) darauflegen und mit dem Pinsel fixieren. In einem Eierkarton oder Eierbecher trocknen lassen.

Für Glitzereier zum Aufhängen die Eier ausblasen und vorsichtig innen ausspülen. Zum Trocknen auf lange Holzspieße stecken und diese dann in Styropor. Die Eier in einer beliebigen Farbe nach Herstellerangabe färben und trocknen lassen. Anschließend die Glitzerfolie gemäß Packungsanleitung aufbringen und trocknen lassen.

MÖHRCHENTÜTCHEN BASTELN

In diesen hübschen Tütchen lassen sich viele kleine Eier oder ein anderes nettes Ostergeschenk verpacken. Davor benötigt man Buntpapier (DIN A5) in Orange oder Orange mit weißen Punkten, grünes Buntpapier, weiße Etiketten und Kleber.

Das orangefarbene Buntpapier der Länge nach jeweils zur Mitte hin einschlagen, sodass drei Lagen deckungsgleich übereinanderliegen. Das Papier an einer Seite mit Kleber verschließen und gut trocknen lassen.

Das Tütchen nach Belieben füllen und um 90° zur bereits verschlossenen Öffnung zufalten, zukleben und trocknen lassen. Aus dem grünen Buntpapier Streifen schneiden und als Möhrengrün an der gefalteten Seite festkleben. Zum Schluss aus weißen Etiketten runde Aufkleber ausschneiden, mit Namen versehen und darüberkleben.

ZUBEREITUNG

Arbeitszeit: 1½ Std.
Gesamtzeit: 2½ Std.

Für die Familienfeier

Erbsenpüree mit Fisch
Seite 24

Gefülltes Hähnchen
Seite 61

Safran-Kardamom-Creme
Seite 96

DEKO-VORSCHLAG

Ganz nach Anlass inspirieren lassen: Ist ein Kind der Mittelpunkt der Feier, sollte Farbe das Bild bestimmen und Girlanden, bunte Tischdecken und Lampions können den Tisch schmücken.

GETRÄNKEEMPFEHLUNG

VORSPEISE
erfrischender Weißwein, z.B. Chardonnay

HAUPTSPEISE
fruchtiger Roséwein, z.B. aus Navarra

NACHSPEISE
Crémant

TIPPS ZUM ZEITSPAREN

Für das Dessert Schokoladenkekse in Dessertgläser füllen, mit Creme und Erdbeeren bedecken und kühl stellen.

PANNENHILFE

Wenn die Suppe angebrannt ist, die Flüssigkeit bis auf das Angebrannte am Topfboden in einen frischen Topf schöpfen und mit Sahne verfeinern: Das überdeckt den Brandgeschmack.

PERFEKTES TIMING

- ☐ Zwei Stunden vorher: das Hähnchen füllen und im Backofen garen.
- ☐ Eine Stunde vorher: die Kardamomcreme zubereiten und zugedeckt kühl stellen. Das Erbsenpüree für die Vorspeise garen und abkühlen lassen.
- ☐ Eine halbe Stunde vorher: Salat und Dressing für das Hauptgericht separat vorbereiten.

Knusprige Windräder und Mini-Drachen

Für 20 Mini-Windräder 5 quadratische Blätterteigscheiben auf ein mit Backpapier belegtes Backblech legen und auftauen lassen. Den Backofen auf 200 °C vorheizen. 2 bis 3 gebrühte Nürnberger Rostbratwürstchen in etwa 1 cm dicke Scheiben schneiden. Die Teigscheiben leicht salzen und in je 4 Quadrate schneiden.

Die Quadrate jeweils von der Ecke etwa die halbe Strecke bis zur Mitte einschneiden. Damit ein Windrad entsteht, von der linken unteren Ecke den Teig in die Mitte hochklappen. Dann von der linken oberen Ecke den Teig zur Mitte herunterklappen. Mit den rechten Ecken genauso verfahren. Auf jedes Windrad in die Mitte 1 Wurstscheibe drücken. Im Ofen auf der mittleren Schiene etwa 12 Minuten backen.

Für ca. 30 Drachen 5 quadratische Blätterteigscheiben auf ein mit Backpapier belegtes Blech legen und auftauen lassen. Den Backofen auf 200 °C vorheizen. Jede Scheibe zu allen Seiten dünner ausrollen und in 4 Quadrate schneiden. Aus jedem Quadrat mit einem scharfen Messer 2 Drachenrauten ausschneiden.

Leckeres für zwischendurch

Die Teigreste übereinanderlegen, nicht verkneten, sondern nur fest zusammendrücken und dann ausrollen, ebenfalls zu Rauten schneiden.

Die Hälfte der Drachenrauten dünn mit Doppelrahmfrischkäse bestreichen. Die übrigen Rauten darüberlegen und gut zusammendrücken. Mit etwas Wasser bepinseln, mit gehackten Pistazien oder getrockneten Kräutern bestreuen. Nach Belieben salzen. Im Ofen auf der mittleren Schiene etwa 7 Minuten backen.

PERFEKTES TIMING

- [ ] Zwei Stunden vorher: den Kuchenboden backen und abkühlen lassen.
- [ ] Eine Stunde vorher: die Tomatensuppe zubereiten. Die grüne Sauce für das Hauptgericht zubereiten. Die Rosmarinkartöffelchen vorbereiten.
- [ ] Während der Vorspeise: die Rosmarinkartöffelchen in den Ofen schieben.
- [ ] Nach der Vorspeise: die Steaks fertig zubereiten.
- [ ] Nach der Hauptspeise: den Kuchen fertigstellen.

Wenn's mal später werden kann

Für Zitronen-Koriander-Oliven
1 Schalotte schälen und in feine Würfel schneiden. 1 kleines Bund Koriander waschen und trocken tupfen, die Blätter abzupfen und fein hacken. ½ Bio-Zitrone heiß waschen und trocken reiben. Die Schale in Zesten abziehen und den Saft auspressen. Alle Zutaten in einer Schüssel mischen und mit Fleur de Sel und Pfeffer würzen und 1 EL Olivenöl darüberträufeln.

Für knusprige Rosmarin-Mandeln
den Ofen vorheizen. 200 g Mandeln in einer ofenfesen Form verteilen und im Backofen bei 200 °C 10 bis 15 Minuten goldbraun rösten. 1 Eiweiß, 2 EL gehackter Rosmarin, 1 TL brauner Zucker und 1 durchgepresste Knoblauchzehe mit 1 TL Fleur de Sel in einer Schüssel mit dem Schneebesen leicht schaumig schlagen. Geröstete Mandeln dazugeben und unterrühren, bis sie gleichmäßig mit dem Eiweiß überzogen sind. Mandeln wieder in die Form geben, flach verteilen und im Ofen weitere 10 bis 15 Minuten rösten. Herausnehmen und abkühlen lassen.

reden & knabbern …

Für Boursin-Schinkenröllchen
2 Scheiben gekochten Schinken auf einem Brett oder der Arbeitsfläche ausbreiten. 60 g zimmerwarmen Boursin auf den Schinken streichen, von der Längsseite her einrollen und 30 Minuten kühl stellen. Die Enden abschneiden und den Schinken in gleichmäßige, etwa 1 cm breite Röllchen schneiden.

Menü für Freunde

Tomatensuppe
Seite 20

Steakblech
Seite 49

Schoko-Erdbeer-Kuchen
Seite 116

ZUBEREITUNG

Arbeitszeit: 1 Std.
Gesamtzeit: 2 Std.

DEKO-VORSCHLAG

Personalisierte Platzkärtchen können gleich ein schönes Mitgebsel werden: Wie wäre es zum Beispiel mit kleinen verzierten Bilderrahmen und einem gemeinsamen Bild darin?

GETRÄNKEEMPFEHLUNG

VORSPEISE
trockener Sherry

HAUPTSPEISE
helles Bier oder Pils

NACHSPEISE
Grappa und Espresso

TIPPS ZUM ZEITSPAREN

Für den Aperitif eine fruchtige Bowle ansetzen und kurz vor Beginn mit gekühltem Sekt aufgießen – und die Gäste zur Selbstbedienung auffordern.

WENN VEGETARIER MITESSEN

Ein zweites Blech mit Ofengemüse mit in den Ofen schieben: z.B. Kartoffeln, Rote Bete, Möhren, Sellerie und Tomaten.

Dream-Team:
DRINKS & SNACKS

MARGARITA

2 Limetten heiß waschen und halbieren, 1 Limette auspressen. Den Saft beiseitestellen. Von den anderen Hälften je 1 dünne Scheibe abschneiden. Den Rand von zwei Cocktailschalen mit der restlichen Limette einreiben und auf einen mit Salz bestreuten, flachen Teller drücken, sodass ein Salzrand entsteht.

4 EL Crushed Ice, 7 cl Tequila, 4 cl Cointreau und 4 cl Limettensaft in einem Shaker mixen. In die Cocktailschalen abseihen und mit den Limettenscheiben garnieren.

GEMÜSECHIPS

250 g Petersilienwurzeln, Möhren oder Rote Bete putzen, schälen und auf dem Gurkenhobel in feine Scheiben hobeln. Mit Küchenpapier sehr gut trocken tupfen.

½ l Öl in einem Topf erhitzen und das Gemüse darin in 3 Portionen jeweils etwa 3 Minuten frittieren, bis es schön knusprig ist. Mit dem Schaumlöffel herausheben und auf Küchenpapier abtropfen lassen.

Die Chips mit Salz und Paprikapulver würzen.

Margarita & Gemüsechips

Black Pearl & Roastbeef tonnato

BLACK PEARL

2 cl Kaffeelikör und 2 cl Cognac mit 2 bis 3 Eiswürfeln gut verrühren und in ein vorgekühltes Champagnerglas abseihen.

Vorsichtig mit Champagner auffüllen und mit 1 Amarena- oder Cocktailkirsche garnieren.

ROASTBEEF TONNATO

2 TL Zitronensaft mit Salz und Pfeffer verrühren und 1 EL Olivenöl cremig unterschlagen. Je 12 rote und gelbe Paprikafilets untermischen.

100 g Thunfisch (aus der Dose) zerpflücken. 1 abgetropftes Sardellenfilet fein würfeln. Beides mit 1 TL Kapern, 1 EL Mayonnaise und 2 EL Brühe pürieren, mit Salz und Pfeffer würzen.

12 Roastbeefscheiben längs halbieren, mit Thunfischcreme bestreichen. Mit Paprikastreifen belegen, aufrollen und mit Holzspießchen feststecken.

CASSIS-COOLER

Zwei Tumblergläser zur Hälfte mit Crushed Ice füllen. 120 ml Gin, 9 cl Zitronensaft und 3 cl Zuckersirup darübergießen und umrühren. Bis unter den Rand mit Crushed Ice auffüllen, dann 4 cl Crème de Cassis darüberträufeln. Mit Heidelbeeren und Limettenscheiben garnieren.

MINI-MUFFINS MIT CHORIZO

4 EL Butter zerlassen und etwas abkühlen lassen. Den Backofen auf 180 °C vorheizen. Ein Mini-Muffinblech (mit 12 Vertiefungen) mit Öl einfetten.

75 g Mehl, 1 TL Backpulver und 1 TL Salz mischen. Die Butter mit 1 Ei schaumig rühren und 4 EL saure Sahne unterrühren. Die Mehlmischung unterrühren und 1 EL Mandelstifte, 75 g klein gewürfelte Chorizo, gehackte Korianderblätter und 2 TL gewürfelte grüne Oliven unterheben. Den Teig in die Muffinform füllen und die Muffins im Ofen auf der mittleren Schiene etwa 20 Minuten goldbraun backen.

Herausnehmen, etwas abkühlen lassen und aus der Form lösen.

Cassis-Cooler & Mini-Muffins mit Chorizo

INGWER-MELISSENIC

4 Zitronenmelisseblätter in ein Weinglas geben und mit dem Stößel leicht andrücken. 2 cl Ingwersirup und Eiswürfel dazugeben. Das Glas bis zur Hälfte mit Mineralwasser aufgießen, dann mit Tonic Water auffüllen.

FALAFELN MIT JOGHURTDIP

Die Blätter von je ½ Bund Minze und Petersilie waschen, trocken schütteln und hacken. 1 Frühlingszwiebel putzen, waschen und klein schneiden. 2 Knoblauchzehen schälen und hacken. Alles mit 150 g Kichererbsen (aus der Dose) so fein wie möglich pürieren.

2 TL Ras-el-Hanout, 1 TL Salz und 1 TL Backpulver dazugeben und gut untermischen. Aus der Masse etwa 24 walnussgroße Bällchen formen.

¾ l Öl in einem großen Topf erhitzen. Die Falafeln darin in 3 Portionen jeweils 4 bis 5 Minuten goldbraun frittieren. Mit dem Schaumlöffel herausheben und auf Küchenpapier abtropfen lassen.

200 g Naturjoghurt mit je 1 TL Harissa und Zitronensaft verrühren und salzen. In Schälchen verteilen. Dazu die Falafeln sofort servieren.

Ingwer-Melissenic & Falafeln mit Joghurtdip

ZUBEREITUNG

Arbeitszeit: 1½ Std.
Gesamtzeit: 2 Std.

Frühlingsmenü

Spargel-Erdbeer-Salat Seite 10
Frühlingsgemüsegratin Seite 77
Avocado-Schoko-Mousse Seite 88

DEKO-VORSCHLAG

Helle Pastellfarben wehen einen Hauch Frühling auf die festliche Tafel: Blau-, Grün- und Gelbtöne passen in allen Nuancen bestens zueinander.

GETRÄNKEEMPFEHLUNG

VORSPEISE: Hugo
HAUPTSPEISE: erfrischender Weißwein, z.B. Vinho verde
NACHSPEISE: Aperol Orange

TIPPS ZUM ZEITSPAREN

Je flacher die Auflaufform für die Hauptspeise ist, desto schneller ist das Gericht fertig.

PERFEKTES TIMING

- ☐ Zweieinhalb Stunden vorher: die Nachspeise zubereiten und zugedeckt kühl stellen.
- ☐ Zwei Stunden vorher: den Auflauf vollständig vorbereiten, aber noch nicht überbacken.
- ☐ Eine halbe Stunde vorher: den Salat zubereiten.
- ☐ Während der Vorspeise: den Auflauf im Ofen fertig backen.

Sommermenü

DEKO-VORSCHLAG

Blumen gibt es zu dieser Zeit in üppiger Auswahl. Besonders fröhlich wird es im Hochsommer mit Sonnenblumen.

GETRÄNKEEMPFEHLUNG

VORSPEISE: trockener Weißwein, z.B. Weißburgunder
HAUPTSPEISE: leichter Weißwein, z.B. Chardonnay oder Riesling
NACHSPEISE: Kir Royal

TIPPS ZUM ZEITSPAREN

Das Pesto für die Hauptspeise entweder auf Vorrat selbst machen oder zum Lieblings-Fertigprodukt greifen. Die Kokosmilch in der Dose 30 Minuten tiefkühlen, statt über Nacht zu kühlen.

PERFEKTES TIMING

- [ ] Am Vortag: die Kokosmilch für die Vorspeise vorbereiten. Die Fächerkartoffeln und das Pestohähnchen zugedeckt in den Backofen stellen.
- [ ] Zwei Stunden vorher: die Suppe zubereiten und kurz vor dem Servieren erwärmen. Das Hauptgericht vorbereiten und kühl stellen. Für die Nachspeise die Kirschen auftauen lassen, den Pfannkuchenteig und den Eischnee separat zubereiten und kühl stellen.
- [ ] Während der Vorspeise: das Hauptgericht im Backofen zubereiten.
- [ ] Nach der Hauptspeise: die Nachspeise fertig backen.

ZUBEREITUNG

Arbeitszeit: 1 Std.
Warten: 12 Std.
Gesamtzeit: 14 Std.

ZUBEREITUNG

Arbeitszeit: 1 Std.
Marinieren: 12 Std.
Gesamtzeit: 14 Std.

Herbstmenü

Kürbissuppe Seite 17
Minutensteak Seite 46
Gegrillte Pfirsiche Seite 107

DEKO-VORSCHLAG

Naturmaterial ist jetzt besonders gut für die Tischdeko geeignet: Tannenzapfen, Moose oder Nüsse sammeln und auf Platten in der Tischmitte dekorieren.

GETRÄNKEEMPFEHLUNG

VORSPEISE: Weißwein, z.B. Grauburgunder
HAUPTSPEISE: kräftiges Bier, z.B. Altbier
NACHSPEISE: süßer Dessertwein, z.B. Vin Santo

TIPPS ZUM ZEITSPAREN

Für die Kürbissuppe die Sorte Hokkaido verwenden: Die Schale kann mitgegessen werden.

PERFEKTES TIMING

- [ ] Am Vortag: die Minutensteaks marinieren und über Nacht kühl stellen.
- [ ] Zwei Stunden vorher: die Vorspeise zubereiten. Für die Nachspeise die Pfirsiche halbieren, die Creme anrühren und kühl stellen.
- [ ] Eine Stunde vorher: den Kartoffel-Endivien-Brei zubereiten und zugedeckt beiseitestellen.
- [ ] Nach der Vorspeise: die Minutensteaks braten.
- [ ] Nach der Hauptspeise: die Pfirsiche grillen.

Wintermenü

Fenchel-Dattel-Salat Seite 8

Wintergemüseeintopf Seite 78

Ricottakuchen Seite 112

ZUBEREITUNG

Arbeitszeit: 1 Std.
Gesamtzeit: 2 Std.

DEKO-VORSCHLAG

Wenn der Winter das Land fest im Griff hat, ist es Zeit für wohlige Gemütlichkeit: Farblich zurückhaltende Erdtöne, dicke Stoffe wie Wolle oder Leinen für Tischdecke, Servietten und Stuhlhussen oder dekorative Felle bieten den Rahmen für lange gemeinsame Stunden.

GETRÄNKEEMPFEHLUNG

VORSPEISE: trockener Weißwein, z.B. Riesling
HAUPTSPEISE: kräftiger Rotwein, z.B. Shiraz
NACHSPEISE: roter Dessertwein, z.B. Recioto

TIPPS ZUM ZEITSPAREN

Für das Hauptgericht tiefgekühlten Rosenkohl verwenden: Er ist bereits küchenfertig.

PERFEKTES TIMING

- [ ] Zwei Stunden vorher: die Nachspeise zubereiten und zugedeckt beiseitestellen. Die Vorspeise zubereiten und kühl stellen.
- [ ] Eine Stunde vorher: das Hauptgericht zubereiten und warm halten.
- [ ] Während der Vorspeise: das Hauptgericht sanft zum Köcheln bringen.
- [ ] Nach dem Hauptgericht: nach Belieben den Ricottakuchen im Backofen im Wasserbad erwärmen.

ZUBEREITUNG

Arbeitszeit: 45 Min.
Gesamtzeit: 1½ Std.

Mediterranes Menü

Gegrillte Avocado Seite 37
Auberginenauflauf Seite 80
Tiramisu Seite 92

DEKO-VORSCHLAG

Kräutertöpfchen (z. B. mit Rosmarin, Thymian und Oregano) machen sich sehr dekorativ auf der Tafel und verströmen gleichzeitig ihr sanftes Aroma. Zum Grün der Pflanzen passen weiße Stoffe.

GETRÄNKEEMPFEHLUNG

VORSPEISE: Pernod oder Ouzo
HAUPTSPEISE: leichter Rotwein, z. B. aus Griechenland
NACHSPEISE: Grappa

TIPPS ZUM ZEITSPAREN

Tiramisu eher flach schichten, dann kühlt es schneller durch.

PERFEKTES TIMING

- ☐ Zwei Stunden vorher: die Nachspeise zubereiten und zugedeckt kühl stellen.
- ☐ Eine Stunde vorher: das Hauptgericht vorbereiten, aber noch nicht garen und zugedeckt beiseitestellen.
- ☐ Eine halbe Stunde vorher: die Vorspeise zubereiten.
- ☐ Während der Vorspeise: den Auberginenauflauf im Ofen garen.

Orientalisches Menü

Möhren-Apfel-Salat Seite 8

Lammhackbällchen auf Orangenreis Seite 55

Grießkuchen Seite 115

DEKO-VORSCHLAG

Bestickte Tücher in kräftigen Farben, samtene Kissen und Kerzen in Lichtern mit typisch orientalischem Lochmuster verzaubern die Tafel. Mutige decken einen niedrigen Tisch und ersetzen die Stühle durch Sitzpolster.

GETRÄNKEEMPFEHLUNG

VORSPEISE: Pfefferminztee
HAUPTSPEISE: aromatischer Weißwein, z. B. Gewürztraminer
NACHSPEISE: rosa Crémant

TIPPS ZUM ZEITSPAREN

Den Granatapfel vor dem Teilen einige Male druckvoll über die Arbeitsplatte rollen: So lösen sich die Kerne von den Häutchen.

PERFEKTES TIMING

- ☐ Zwei Stunden vorher: den Grießkuchen zubereiten und abkühlen lassen.
- ☐ Eine Stunde vorher: Lammhackfleischbällchen vorbereiten, Orangenfilets im Ofen trocknen.
- ☐ Eine halbe Stunde vorher: den Salat zubereiten. Den Orangenreis vorbereiten.
- ☐ Nach der Vorspeise: den Orangenreis dämpfen. Die Hackbällchen braten und mit dem erwärmten Orangenreis servieren.

ZUBEREITUNG

Arbeitszeit: 1½ Std.
Gesamtzeit: 2 Std.

ZUBEREITUNG

Arbeitszeit: 1½ Std.
Gesamtzeit: 2 Std.

Leichtes Menü

Ziegenkäse Seite 35
Ofen-Kabeljau Seite 69
Marzipan-Quark Seite 95

DEKO-VORSCHLAG

Wie wäre es mal mit einer obsthaltigen Dekoration für den Tisch? Grüne Granny-Smith-Äpfel zum Beispiel wirken in großen Glasschalen oder locker über den Tisch verteilt fantastisch.

GETRÄNKEEMPFEHLUNG

VORSPEISE: fruchtiger Weißwein, z.B. Silvaner
HAUPTSPEISE: trockener Weißwein, z.B. Weißburgunder
NACHSPEISE: süßer Dessertwein, z.B. Marsala

TIPPS ZUM ZEITSPAREN

Die Aubergine im Hauptgericht durch Zucchini ersetzen und das separate Anbraten weglassen.

PERFEKTES TIMING

- ☐ Zwei Stunden vorher: die Nachspeise zubereiten und zugedeckt kühl stellen.
- ☐ Eine Stunde vorher: die Gemüse-Fisch-Päckchen vorbereiten.
- ☐ Eine halbe Stunde vorher: die Vorspeise vorbereiten.
- ☐ Während der Vorspeise: das Hauptgericht im Ofen garen.

Blitz-Menü

Mozzarella im Zucchinimantel Seite 32

Gedämpfter Lachs Seite 73

Himbeer-Blitzeis Seite 99

DEKO-VORSCHLAG

Wenn es schnell gehen muss, dann lieber auf das Wesentliche konzentrieren und eine schlichte Dekoration mit frischen Blumen wählen.

GETRÄNKEEMPFEHLUNG

VORSPEISE: trockener Weißwein, z.B. Riesling
HAUPTSPEISE: kräftiger Rotwein, z.B. Shiraz
NACHSPEISE: roter Dessertwein, z.B. Recioto

TIPPS ZUM ZEITSPAREN

Die Vorspeise einfach mit kleinen Holzspießchen fixieren.

ZUBEREITUNG

Arbeitszeit: 45 Min.
Gesamtzeit: 1 Std.

PERFEKTES TIMING

- [ ] Eine Stunde vorher: die Vorspeise zubereiten und zugedeckt beiseitestellen.
- [ ] Eine halbe Stunde vorher: die Balsamico-Tomaten für das Hauptgericht vorbereiten.
- [ ] Nach der Vorspeise: den Lachs für das Hauptgericht dämpfen und die Balsamico-Zwiebeln dünsten.
- [ ] Nach der Hauptspeise: die Nachspeise zubereiten.

Register

O

P

R

S

T / U

Kaiserstraße 14 b
D-80801 München

ISBN 978-3-89883-836-8
1. Auflage 2018

Projektleitung: Martina Solter, Linh Nguyen
Rezepte: ZS Verlag
Lektorat: Katinka Holupirek
Grafisches Konzept: Irene Schulz
Grafische Gestaltung & Satz: Georg Feigl, Eva Gotthardt
Fotografie: siehe Bildnachweis
Herstellung: Frank Jansen
Producing: Jan Russok
Druck & Bindung: optimal media GmbH, Röbel

Kurze Wege schonen die Umwelt
Dieses Buch wurde in Deutschland gedruckt

Im Buch enthaltene Fotos können zur eigenen Nutzung erworben werden unter www.stockfood.com

Die ZS Verlag GmbH ist ein Unternehmen der Edel AG, Hamburg.
www.zsverlag.de | www.facebook.com/zsverlag

Bildnachweis:

B. Bonisolli: S. 9, 16, 19, 25, 28-29, 89 o., 113, 134 o., 140 u., 142 o., 143 o. & u., 145 o.
C. Gödke: S. 97, 134 u.
J. Kirchherr: S. 47, 68, 85, 142 M., 146 M.
A. Kramp & B. Gölling: S. 15, 33, 53, 126 o., 131 M., 147 o.
C. Lang: S. 2-3, 11, 12, 60, 64, 126 M., 134 M., 140 o.
T. Major: S. 54, 145 M.
M. Neubauer: S. 36, 38, 48, 75, 89 u., 102-103, 106, 117, 126 u., 137 M. & u., 142 u., 144 o.
W. Schardt: S. 26, 56-57, 98, 101, 120-121, 131 o., 147 u.
M. Schinharl: S. 114, 145 u.
M. Schürle & M. Grossmann: S. 22, 93, 141 o., 144 u.
B. Sporrer: S. 94, 146 u.
A. Schütz: S. 21, 67, 137 o.
C. Timmann: S. 34, 51, 63, 71, 72, 76, 79, 81, 82, 90, 109, 110, 118, 131 u., 140 M., 141 M. & u., 143 M., 144 M., 146 o., 147 M.
A. Walter: S. 44
J.-P. Westermann: S. 5
K. Winner: S. 43, Umschlag